[英]巴兹尔·利德尔·哈特——著　　梁力乔——译

一个英国军事顾问眼中的二战

The HISTORY OF THE SECOND WORLD WAR

I
欧陆争夺：
希特勒的狂飙突进

中国画报出版社·北京

图书在版编目（CIP）数据

一个英国军事顾问眼中的二战：全四册 /（英）巴兹尔·利德尔·哈特著；梁力乔译. -- 北京：中国画报出版社，2024.8
 ISBN 978-7-5146-2286-7

Ⅰ.①一… Ⅱ.①巴…②梁… Ⅲ.①第二次世界大战—史料 Ⅳ.①K152

中国国家版本馆CIP数据核字（2023）第171740号

一个英国军事顾问眼中的二战
[英] 巴兹尔·利德尔·哈特 著　梁力乔 译

出 版 人：方允仲
责任编辑：程新蕾
责任印制：焦　洋

出版发行：中国画报出版社
地　　址：中国北京市海淀区车公庄西路33号　邮编：100048
发 行 部：010-88417418　010-68414683（传真）
总编室兼传真：010-88417359　版权部：010-88417359

开　　本：32开（880mm×1230mm）
印　　张：33
字　　数：628千字
版　　次：2024年8月第1版　2024年8月第1次印刷
印　　刷：三河市金兆印刷装订有限公司
书　　号：ISBN 978-7-5146-2286-7
定　　价：248.00元（全四册）

点　评

"当代一流军事理论家对第二次世界大战的敏锐洞见"

　　本书深受读者期待，是巴兹尔·利德尔·哈特生前最后一部单卷作品——只可惜，他没能活着看到本书面世。早在1947年，他就把本书的撰写工作提上日程。经过二十二年潜心笔耕，直到1969年，本书初稿才最终完成并交付出版商。1970年1月去世前，他仍在考据有关第二次世界大战的史料。

　　在两次世界大战之间"二十年休战"的举国欢庆时期，英国总是选择对最终需要面临的战争威胁视而不见。而当时还是一名上尉的巴兹尔·利德尔·哈特在接下来的岁月里得到了自己作为史上最杰出的教师及历史学家之一应得的荣誉：他拥有一座私人图书室，与大卫·劳合·乔治、丘吉尔这样的政界要人有海量书信往来；他的军事设想被英国人弃如敝屣，却被当时德国的少壮派军官奉若瑰宝，并在战争中给盟军带来了可怕的后果；他根据与被俘的德国将军及战争中向他寻求帮助的盟军高级指挥官的会谈内容细致整理的笔记和那些他珍藏的很多同时期的伟人所写的主题案卷、私人文件一起流芳百世；他在白金汉郡梅德门汉的故居则成为世界政要、学生、军人及学者的朝圣之地。

正是巴兹尔·利德尔·哈特凭借大量的私人史料和对第二次世界大战精确到日的研究，才成就了如今摆在我们面前的这部鸿篇巨著。尽管本书结构清晰，但要读懂它并不容易。它是一部气势恢宏的军事史作品。全书从战争初期盟军遭遇的失败到七年动荡岁月中的每一场战役、战斗，再到纳粹的最终毁灭，力求通过深入彻底、发人深省的现实主义写作手法和案例分析来揭穿有关这场战争的一切自欺欺人的谎言，凭借实实在在的史料粉碎那些曾被奉若瑰宝的假象，并对过去人们长久以来的"信仰"发问，让在战争中收获的那些名誉与威望再次经受这个时代最富洞察力的检验，并用通过这段历史得出的结论为人类好好上了一课。

以下是巴兹尔·利德尔·哈特在本书中得出的惊人结论的一部分：1944年9月，如果艾森豪威尔没有从小乔治·S.巴顿的第三集团军将宝贵的汽油调拨给蒙哥马利集团军群以展开"市场花园行动"，小乔治·S.巴顿很可能将指挥麾下的"钢铁洪流"直插德国腹地，从而让人类提早拥抱和平；1943年，苏联和德国曾试图和谈；盟军对德国城市的大空袭不仅效率低下，还造成了不必要的伤亡。当然，最令人痛心的是，在希特勒入侵波兰前，只要英国与法国能保持坚定的反对立场，这场人类史上付出最惨重代价的战争竟然有可能避免。

巴兹尔·利德尔·哈特凭借大量可信度很高的史料得出的有关第二次世界大战的坚定结论足以让本书成为第二次世界大战后期涌现的最重要的军事史著作之一。因此，本书也是研读军事或世界史的学生、严谨认真的读书人及第二次世界大战爱好者的必读之作。

本书早前获得的赞誉：

（作者对于本书）倾注心血之多使任何一本关于第二次世界大战的单卷研究作品都难以将其超越。

——科雷利·巴尼特，《星期日电讯报》

这可能是巴兹尔·利德尔·哈特在严肃的作战军事史方面的巅峰之作。

——迈克尔·霍华德，《星期日泰晤士报》，伦敦

这是一本很重要的书……（它是一部）将总领全局的战略思想与细致入微的战术分析巧妙结合的作品，也是一部简明扼要的作品。

——休·托马斯，《新政治家周刊》

作者介绍

巴兹尔·利德尔·哈特是20世纪最伟大的军事思想家之一。他提出的理论,特别是机械化战争方面的理论掀起了一场军事思想的革命。第一次世界大战爆发时,还是一名剑桥大学学生的他毅然投笔从戎,并官至上尉。在1916年的索姆河战役中,他惨遭敌人毒气的袭击。1927年从军队退役后,他倾尽精力致力于写作。在写作生涯中,他曾多次担任《每日电讯报》的军事通讯员、伦敦《泰晤士报》的军事通讯员和防务顾问及《大不列颠百科全书》的军事条目编辑。他还曾在剑桥大学执教,并在第二次世界大战爆发前担任英国战争部大臣莱斯利·霍尔-贝利沙的顾问。他一生著述逾三十本,皆对机械化战争思想的形成有着重大影响,特别是对于当时的德军——他们在战争初期获得的成功要直接归功于学习了他著作中的先进思想。

CONTENTS

目 录

第 1 章
战争缘何骤至   001

第 2 章
战争爆发时双方力量的对比   019

第 3 章
苏德瓜分波兰   035

第 4 章
"假的战争"   045

第 5 章
芬兰战争   061

第 6 章
德军占领挪威   071

第 7 章
德军横扫西欧诸国 —— 091

第 8 章
不列颠战役 —— 127

第 9 章
铁蹄下的巴尔干半岛诸国与克里特 —— 161

第 10 章
希特勒转攻苏联 —— 177

第 11 章
德军入侵苏联 —— 199

第 12 章
苏联战场的转折点 —— 223

第 1 章 战争缘何骤至

How War was Precipitated

第1章 战争缘何骤至

1939年4月1日,全世界的媒体都刊载了一条消息:英国首相张伯伦宣布,为了确保欧洲的和平,英国将放弃对德国的绥靖政策,并准备派军保护波兰共和国,使其免受来自德国的任何威胁。

然而,五个月后的1939年9月1日,希特勒的军队还是跨过了德国与波兰共和国的边境。在度过了徒劳等待德国撤军的两天后,英国与法国宣布参战。这是第二次欧洲大战的开始。而这次欧洲大战的狼烟竟随之蔓延到全世界,最后升级成第二次世界大战。

波兰共和国的西方同盟国参战的目的主要有两个:短期内履行向全世界媒体许下的"保证波兰共和国独立"的承诺;长期则是解决德国这个巨大的潜在威胁,进而维护西欧的安全。但从结果上看,这一切可以说是"竹篮打水一场空":不仅没有成功阻止苏联与德国瓜分波兰共和国,而且被迫在六年之后的战争"胜利"时默许苏联控制波兰共和国。

与此同时,为了摧毁德国而付出的巨大努力不仅让昔日富饶、美丽的欧洲变得到处断壁残垣,还大大削弱了欧洲各国在面对苏联这个更大的新威胁时的抵抗力。结果,英国和它的欧洲大陆邻国不得不沦为美国的附庸。

欧陆争夺：希特勒的狂飙突进

以上都是美国和苏联这两个大国加入对抗德国的势力之后，我们怀着希望并忍受着痛苦换来的胜利的背后隐藏着的苦涩事实——当下"胜利即和平"的说法只不过是一种假象。过去的经验不停地警告我们，第二次世界大战的胜利和之前的战争胜利一样，都不过是"沙漠中的海市蜃楼"——一场由旷日持久的战争、现代化的武器装备和不择手段的谋略构成的"海市蜃楼"。

在研究战争爆发的原因前，我们有必要先分析战争导致的后果，因为这可以更实事求是地探究战争爆发的原因。仅凭纽伦堡审判[①]似乎已足够证明第二次世界大战的爆发和蔓延都仅仅是由于希特勒的个人野心。但这样下结论又未免过于简单、肤浅。

希特勒当权之后，最想避免的事便是发动大战。德国民众，特别是希特勒的将军，都不愿意冒这个险，因为第一次世界大战失败的后果太可怕了。这么说既不是为希特勒洗白，也不是为那些从一开始就狂热拥护他的人开脱。尽管希特勒是一个肆无忌惮的人，但在追求自己的目标时，他还是很谨慎的。希特勒的军事主官则更谨慎，每一步都小心翼翼，生怕激起英国法国等其他国家的强烈反应。

战后缴获的大量德国文件也显示，其实，当时的德国人对自己的国家发动一场大型战争的能力充满怀疑。

1936年，当希特勒准备出兵夺回莱茵兰非军事区时，德国将军们发出警告说，收复莱茵兰非军事区的决定将激起法国的强烈

---

① 指1945年11月至1946年10月同盟国组建的欧洲国际军事法庭对欧洲轴心国军政首领的审判。——译者注

第1章 战争缘何骤至

反弹。因此，希特勒只派出了少量部队"投石问路"。当希特勒准备大力支持西班牙内战中的独裁者佛朗哥时，德国将军们又对其中的种种风险向希特勒提出抗议，迫使希特勒不得不限制对佛朗哥的援助。不过，1938年3月进军奥地利时，希特勒就没有那么投鼠忌器了。

没过多久，当希特勒向将军们透露自己即将向捷克斯洛伐克施压，令其将苏台德地区"归还"德国时，当时的德军总参谋长路德维希·贝克①立刻起草了一份备忘录，抗议希特勒极具侵略性的扩张计划，认为这个计划不仅会给全世界带来灾难，而且会导致德国自身的毁灭。在一次德军主要将领都参与的会议上，路德维希·贝克拟定的备忘录被宣读，并在征得一致同意后呈交给希特勒。不过，希特勒本人似乎对此不屑一顾。因此，路德维希·贝克愤而辞去了总参谋长的职务。希特勒向将军们赌咒发誓说英国和法国是不会为了捷克斯洛伐克而与德国开战的。但德国将军们对这样的"打包票"不敢苟同，甚至密谋军事政变，试图通过逮捕希特勒和其他纳粹党首脑的方式使德国免遭战火之苦。

然而，德国将军们的政变计划很快因英国而失败了——英国首相张伯伦居然同意了希特勒索要捷克斯洛伐克苏台德区这个"狮子大开口"的要求，同时法国竟然答应站在英国一边。而捷克斯洛伐克这个可怜的小国就只能眼看着自己的领土被瓜分，武

---

① 路德维希·贝克（1880—1944），德国炮兵上将，曾有名言："如果今日的领袖违背了自己的政治常识和良知而轻举妄动，历史就将为他们记下一笔血债。"路德维希·贝克在辞职后与人密谋反对希特勒，1944年7月20日事败后被杀。——译者注

装被解除,沦为大国之间的"牺牲品"。

用张伯伦的话说,《慕尼黑协定》的签订标志着"当代和平"的到来。对希特勒来说,这不仅是一次外交胜利,而且是对自己麾下将军们的胜利。一次又一次无可置疑地获得兵不血刃的重大胜利是希特勒对德国将军们发出警告的最好反驳,更让他们自然而然地失去了继续反对希特勒的信心与影响力。希特勒知道,再这么冒险下去可能难免一战,但他还是觉得,即便开战也不过是一次"小而短"的冲突罢了。希特勒的疑虑似乎已经在不断累积的、醉人的成功喜悦中消失得无影无踪。

如果德国当真想打一场英国也参与的全面战争,希特勒理应全力打造一支强大的海军,挑战英国牢牢掌握的制海权。但实际上,此时的德国海军甚至连1935年签署的《英德海军协定》规定的规模都没有达到。希特勒反复对海军将领们强调"德国不会和英国打仗"。慕尼黑会议刚结束时,希特勒告诉海军将领们:德国在六年之内不会和英国发生冲突。甚至在大战前夕的1939年8月22日,希特勒仍然在做着同样的"承诺"——尽管他此时对此已经没有信心了。

那么,到底是什么促使希特勒将自己置身于一直都想避免的战争中?"野心"当然不是唯一原因,更不是主要原因。真正的原因应该是西方国家对希特勒扩张行动一直以来的容忍,以及西方国家态度在1939年春季的突然转变。西方国家态度的突然转变打了希特勒一个措手不及,并且使战争不可避免。

这就像放任工人超负荷运转蒸汽锅炉一样。一旦锅炉因此爆炸,那么纵容肇事的人应该为任何可能出现的后果承担责任。物

第1章 战争缘何骤至

理科学的真理同样适用于政治学这样的人文学科——在国际事务方面尤其如此。

自1933年希特勒掌权以来，英国和法国对这个危险的独裁者已经做了数不清的让步，这比对德国前几届民主政府做出的让步加起来还要多。面对希特勒的每一次行动，英国和法国一致采取搁置争端、息事宁人的态度，只是为了使本国享有眼前的和平。但这是在透支未来。

此外，希特勒总在用一种过于合乎逻辑的方式看问题。保存在1937年11月《霍斯巴赫备忘录》里的一整套"政见"终于成为希特勒日后政策的"风向标"："政见"认为德国需要更多的"生存空间"，以保证在当下人口持续不断增长的状况下德国人的生活水平。

在希特勒看来，在食物供给方面，德国很难做到自给自足。从外国进口食物也不是好办法，因为德国付不起进口食物的外汇。当时，基于各国之间高筑的关税壁垒和德国自身紧张的财政状况，希特勒若想让德国在世界贸易和工业方面占有的份额持续增长也很困难。即便采取间接购买，也会让德国逐渐受制于人。一旦开战，如果粮食供应被切断，德国就会陷入饥荒的危险之中。

综上所述，希特勒得出结论：德国必须获得更多的"可以种粮食的空间"，例如地广人稀的东欧平原。但让东欧各国自愿献土纳降是不可能的。"历史告诉我们，无论是罗马帝国还是'日不落'帝国，都要靠战争和冒险来扩张自己的领土……'良田'任何时候都不会'无主'。"希特勒认为，最晚必须在1945年解决获取"生存空间"的问题。"之后，情况只会更糟。"希特勒

认为,到那时,德国将毫无出路,唯有挨饿。

因对领土的觊觎,仅仅收复在第一次世界大战失败后失去的领土的最初设想已经不能满足希特勒了。西部国家的官员固然不会无动于衷。这种无动于衷和他们后来装出的无知也大不相同。1937年到1938年,他们尽管都不挑明,但其实私底下已经对希特勒的野心心知肚明。英国政界出现了很多声音,认为应该放任德国东扩。这样一来,希特勒对西方的威胁就会小一些。因此,这些政客纷纷故意摆出同情希特勒为德国争取"生存空间"的态度。但他们从来都不愿意去思考这么一个问题:除了武力威慑,还有什么能让东欧各国的主人将自己的领土拱手相让,成为希特勒的"生存空间"呢?

德国相关文件表明,1937年11月,时任英国枢密院议长的爱德华·伍德对德国的访问给了希特勒一个特别的鼓励。在内阁中,爱德华·伍德是仅次于首相的第二号人物。根据会议记录,他让希特勒认为,英国会放任其在东欧扩张自己的势力。可能爱德华·伍德本意并非如此,但希特勒确实是这样理解的。这一点非常重要。

接着,1938年2月,由于一再与首相张伯伦政见不合——在一次争执中,张伯伦甚至让艾登"回家吃药去"——艾登被迫辞去外交大臣的职务。因此,爱德华·伍德被任命为外交大臣。几天后,英国驻德国大使内维尔·亨德森爵士拜访了希特勒并与其密谈。会谈的内容可以被认为是爱德华·伍德访德的延续。英国传达了同情希特勒渴望通过"变革欧洲"为德国谋求福祉的想法——"本届英国政府是十分正视现实的"。

正如德国文件记述的那样,上述事件加速了希特勒的侵略行

动。希特勒想当然地认为"绿灯已经打开,是时候挥师东进"了。

从英国和法国纵容自己采取发兵奥地利并将其吞并的政策中,希特勒受到了进一步鼓励。德军易如反掌的进攻中,唯一美中不足的是,在开往维也纳的路上,很多德国坦克坏掉了。听说张伯伦和爱德华·伍德拒绝了苏联"采用多重措施以阻止德国继续扩张"的提议后,希特勒更是大受鼓舞。

这里还应补充一点:1938年9月,当捷克斯洛伐克面临亡国之灾,即将大难临头之时,苏联政府通过各种公开或秘密的渠道知会英国和法国,要求采取联合措施保卫捷克斯洛伐克。然而,它们把苏联公开排斥在慕尼黑会议之外。正是它们此时的"冷淡"埋下了战争不可避免的祸根。

对于德军的东进,希特勒认为英国是默许的。但1938年9月,英国对德国向捷克斯洛伐克的"施压"表示坚决反对,并进行了局部战争动员。希特勒对此感到惊讶与不悦。然而,当张伯伦满足了德国的要求并帮助德国对捷克斯洛伐克施压时,希特勒才明白英国先前的"反应"不过是"挽回面子"的行动——要做戏给国内以丘吉尔为首的抗议政府对德采取和解、让步措施的反对派看。面对法国的不反对态度,希特勒更加惊喜:既然英国和法国连捷克斯洛伐克这个在欧洲小国中拥有较强军事实力的盟友也能轻易放弃,那么它们就更不可能为中欧和东欧其他盟友参战了。因此,希特勒对自己可以安然无恙地先吞并捷克斯洛伐克并以此为基础继续东扩的策略坚信不疑。

一开始,希特勒并不想对波兰共和国下手——尽管第一次世界大战结束后波兰人获得了最多的德国领土。波兰人和匈牙利人

欧陆争夺：希特勒的狂飙突进

都曾帮助希特勒威胁捷克斯洛伐克共和国的后方。因此，希特勒本想诱使波兰共和国与德国合作。而波兰共和国此时也想趁机占领捷克斯洛伐克共和国的一片领土。对希特勒来说，此时有一个十分稳健的计策：只要波兰共和国同意归还但泽港，并为德国开辟可以通往东普鲁士的"波兰走廊"，希特勒就可以让波兰共和国暂时充当德国的"小兄弟"。但经过1938年冬与波兰共和国就相关条件进行讨论后，希特勒发现顽固不化的波兰人竟然一点儿都不想让步，甚至对自己的军事实力十分自信。即便如此，希特勒还是希望波兰人能在接下来的谈判中想通。直到1939年3月25日，希特勒还对总参谋长弗朗茨·哈尔德说"不想通过军事手段解决但泽港问题"。然而，当希特勒朝着这个方向采取行动时，英国此时迈出的出乎意料的一步让他改了主意。

1939年初，英国政府的首脑沉浸在久违的欢乐中。英国的官员还在自我麻醉："我国和美国都在重整军备，德国正遭遇经济困难，这些都将消除可能发生战争的危险。"

1939年3月10日，张伯伦私下称和平"前景空前大好"，同时声称希望在1939年底前安排一次新的裁军会议。3月11日，时任内政大臣的塞缪尔·霍尔——艾登继塞缪尔·霍尔之后成为外交大臣——满怀希望地在演讲中提出：世界正进入"黄金时代"。

英国的官员向朋友和评论家保证，德国当下的经济困境使它不具备发动战争的能力，德国必须顺应英国提出的条件，从而换取英国对德国以商业合作形式进行的援助。两位内阁大臣——奥利弗·斯坦利和罗伯特·赫德森——正前往柏林安排相关事宜。

同一星期出版的英国《笨拙》杂志刊登了一幅漫画：象征

第1章 战争缘何骤至

英国的"约翰牛"从噩梦中惊醒,而"怯战"两字则飞出了窗外——在1939年的"3月15日"①的前一周,英国竟出现了如此盲目乐观的幻想。

与此同时,纳粹党人一直在支持捷克斯洛伐克国内的分离活动,试图促使该国从内部瓦解。1939年3月12日,斯洛伐克的蒂索神父访德后,斯洛伐克人宣布独立。波兰共和国外交部部长约瑟夫·贝克更是盲目地公开表达了自己对斯洛伐克人的"充分同情"。1939年3月15日,在捷克斯洛伐克总统伊米尔·哈卡正式屈服于希特勒在波希米亚建立"保护国"并占领该国的要求后,德军进入了布拉格。

1938年秋,在《慕尼黑协定》刚刚达成时,英国曾向捷克斯洛伐克承诺,捷克斯洛伐克不会遭到侵略。但张伯伦对英国下议院说,由于捷克斯洛伐克已经不复存在,因此实际上已经无须再遵守这个承诺了。在对捷克斯洛伐克的分裂表示遗憾的同时,张伯伦还对下议院表示,看不出有什么理由必须使英国"转变"政策。

然而,几天之后,张伯伦的态度来了一个"一百八十度大转弯"——其转变之迅速、影响之大震惊了世界。张伯伦决定立刻阻止希特勒的一切后续行动,并于1939年3月29日主动告知波兰人,保证愿意为波兰人抵抗"任何威胁波兰共和国独立"及"一切波兰共和国政府认为有必要抵抗德国的因素"提供支持。

张伯伦的转变为何会如此之大呢?或许是迫于公众的愤怒,

---

① 指历史上恺撒大帝被刺杀的日子。西方有"谨防3月15日"的说法。——译者注

欧陆争夺：希特勒的狂飙突进

或许是发自内心对希特勒得寸进尺行径的愤慨，或许是被希特勒愚弄后十分愤怒，也有可能是因为被自己人当成傻子并丢尽了脸使然。总之，这或许成了一个永远解不开的谜了。即便是昔日曾大肆支持张伯伦绥靖政策的吹鼓手此刻的反应同样强烈，更不用说国内的"另一半"反对者了。因为这激愤的浪潮弥合了分歧，英国上下变得空前团结起来。

将英国的命运交给多疑少谋的波兰共和国统治者，张伯伦的保证缺乏可行性。此外，如果苏联不给予协助，英国连履行承诺的机会都没有。但由于没有提前沟通，谁都不知道苏联会不会伸出援手，也不知道波兰共和国会不会接受苏联的援助。

在被要求批准保护波兰共和国的承诺时，英国内阁甚至都没有见到由参谋长委员会出示的实情报告书。这已经把话讲得很明白了：给波兰共和国提供实际保护是不可能的。[①]然而，内阁成员即使看到了实情报告书，在当时的政治环境下，也很难做出不一样的决定。

张伯伦的"波兰保证"在英国议会被讨论时受到了各方的欢迎。只有大卫·劳合·乔治站出来警告说在没有苏联支持的情况下劳师远征无异于愚蠢的自杀。"波兰保证"无疑加快了国际形势的巨变，导致世界大战提前爆发，是巨大的诱惑与挑衅的结合体。"波兰保证"既是对西方鞭长莫及的波兰共和国做出空头保证进而煽动英国国内反对希特勒情绪的工具，又是使顽固的波兰

---

① "波兰保证"在议会进行讨论后不久，战争大臣霍尔·贝利沙就把这件事告诉了我。从与会的其他政府官员那里听得消息的比弗布鲁克勋爵威廉·马克斯韦尔·艾肯特也跟我说了同样的话。——原注

人更不愿意对德国做出让步的重要因素,同时让希特勒因不愿意"丢脸"而更加坚持不撤军了。

为什么波兰共和国统治者会接受这样一个致命的承诺呢?一方面是因为他们太高看自己那已经过时的军事实力了——他们还在做骑兵突击"饮马柏林"的美梦。另一方面是因为一些个人因素:波兰共和国外交部部长约瑟夫·贝克不久后表示,他用"抽两口烟中间弹去烟灰"的时间思考后,已经决定接受英国的提议。接着,约瑟夫·贝克又解释说:"1939年1月,希特勒在与我会谈时提到的'必须归还但泽港'的条件是不能接受的。但如果我此时接受英国人的条件,波兰共和国就可以给德国一记响亮的耳光。"这简直就是为解决问题而意气用事的典型。

现在避免战争爆发的唯一机会落在了苏联身上。因为苏联是当时唯一可以直接支持波兰共和国并威慑希特勒的力量。尽管局势已经火烧眉毛,但英国仍然是一副以拖待变、心不在焉的态度。张伯伦极不喜欢苏联的苏维埃制度;爱德华·伍德对苏联的宗教信仰则深恶痛绝。张伯伦和爱德华·伍德既低估了苏联的实力,又高估了波兰共和国的实力。他们当时认识到同苏联商谈一个防务协定是可取的,但希望这个协定能按照自己的条件来谈。张伯伦和爱德华·伍德都没有意识到,自己对波兰共和国做出的草率保证最后竟把自己置于向苏联提出的条件讨价还价的境地。尽管张伯伦和爱德华·伍德还看不到这一点,但斯大林对此十分清楚。然而,除了犹豫不决的英国,波兰共和国和东欧其他小国都拒绝接受苏联的军事支持。因为它们惧怕苏联会趁机入侵。因此,英国与苏联谈判的步伐就像治丧一样缓慢而艰难。

欧陆争夺：希特勒的狂飙突进

对于当前面临的新形势，希特勒的想法大不一样了。他被吓到了：英国的强烈反应和进一步增强的备战措施令他十分震惊。他担心，如果再犹豫下去，行动就会被英国制止。因此，希特勒决心加速抢夺"生存空间"。但如何在不引发一场大战的情况下做到这一点呢？英国人过去处理相关问题的方法多少影响了希特勒的决策。希特勒认为，以英国人的冷静、理性，是不会在没有苏联援助的情况下支援波兰共和国的。因此，他强忍对"布尔什维克主义"的恐惧与仇恨，开始将重心放在努力与苏联修好上，并试图确保苏联不会干涉德国对波兰共和国的行动。这比张伯伦的"波兰保证"更令人震惊。当然，后果也更致命。

因斯大林一直以来对西欧国家的偏见，希特勒对苏联示好的策略奏效了。1938年，德军开进布拉格时，苏联遭到了英国的冷落。对此，苏联早就心生怨恨。原本正进展得不温不火的共同防御联盟又因英国对波兰共和国的单方面承诺而被破坏。没有什么能比这更加令苏联对英国不满的了。

1939年5月3日，苏联外交部部长利特维诺夫被斯大林"请出了办公室"，这个消息包含的警告意味十分明显。长期以来，利特维诺夫一直是与西欧大国合作抵抗纳粹德国的主要倡导者。据报道，其继任者维亚切斯拉夫·莫洛托夫更倾向于与独裁者合作以"应对"西欧国家。

1939年4月，苏联与德国双方开始就某项协定进行初步会谈，但双方慎之又慎。因为两国根本就互不相信，都认为彼此只是希望利用这次谈判阻止对方与西欧国家达成协议。英国与苏联谈判进展缓慢促使德国人抓住机会，加速与苏联人的谈判进程。然

第1章 战争缘何骤至

而,直到1939年8月中旬,苏联外交部部长维亚切斯拉夫·莫洛托夫仍然没有就协定的签署做出承诺。接着,德国态度的变化带来的决定性转变发生了——这可能是因为比起英国的犹豫不决和有所保留,德国人更愿意接受斯大林给出的条件,特别是同意苏联可以将波罗的海三国①划作自己的势力范围。德国如此妥协可能与希特勒担心东欧的恶劣天气令德军无法将针对波兰共和国的军事行动推迟到1939年9月初以后有关。而从苏联角度来看,协定推迟到1939年8月底签署才能确保希特勒和西欧大国没有时间达成另一项可能危害苏联利益的"慕尼黑协定"。

1939年8月23日,德国外交部部长里宾特洛甫乘运输机飞往莫斯科,签署了《苏德互不侵犯条约》。该条约附加了一项秘密协议:波兰共和国将被苏联与德国瓜分。《苏德互不侵犯条约》的签署使战争的爆发成为必然,因为该条约签署的时间已经很晚了。为了不在斯大林面前丢脸,希特勒将不得不染指波兰共和国。此外,1939年7月下旬,张伯伦和其信赖的顾问霍勒斯·威尔逊爵士在与希特勒就达成两国协定而进行的私人谈判中的表态,让希特勒坚信英国政府不会冒险为了挽救波兰共和国而白费心力,也不是真的想与苏联结盟。

《苏德互不侵犯条约》的过晚签署非但没有在英国产生希特勒预期的效果,反倒使英国产生了一种盲目坚定、罔顾后果的"斗牛犬"精神。在这种氛围中,张伯伦是不可能既丢面子又破坏承诺的。

---

① 指爱沙尼亚、拉脱维亚和立陶宛。——译者注

欧陆争夺：希特勒的狂飙突进

斯大林非常清楚西欧大国长期以来一直倾向于让希特勒向东扩张。这摆明就是冲着苏联来的。斯大林很可能也将《苏德互不侵犯条约》视为可以让希特勒转移侵略方向的方便之门。换句话说，他希望通过旁敲侧击，可以让自己的直接对手和潜在对手相互攻击。至少这可以让对手两败俱伤来减少它们对苏联的威胁，并因此确保苏联的战后优势。

虽然苏联人一直将波兰共和国视作德国入侵苏联的跳板，但《苏德互不侵犯条约》的签订意味着波兰共和国这个缓冲国从此将不复存在。苏联不仅会通过联合希特勒瓜分波兰共和国的行动轻而易举地收回自己在1914年第一次世界大战爆发以前曾经拥有的利益，还能将波兰东部转变为一个真正的堡垒区——跟以前相比虽然狭窄了些，但好歹可以由苏军自己控制，怎么都比作为独立国家存在的波兰共和国更可靠。《苏德互不侵犯条约》还为苏联占领波罗的海三国和比萨拉比亚地区铺平了道路，从而可以将其"缓冲区"进一步扩大。

1941年，希特勒的德军入侵苏联后，斯大林在1939年的一系列操作看起来变成了一种致命的战略短视。他很可能高估了西欧国家对抗纳粹德国的能力和苏联红军在战争初期的战斗力。尽管如此，后来，在对当时的欧洲局势进行研究时发现，斯大林的一系列操作给苏联带来的不全是不利影响。

不过，《苏德互不侵犯条约》的签订给西欧国家带来了无法估量的伤害。面对当时如此危急的局面，那些采取以拖待变的绥靖政策的政客应为此负全部责任。

正如丘吉尔在回忆英国如何一步一步纵容德国重整军备、吞

016

第1章 战争缘何骤至

并奥地利和捷克斯洛伐克、拒绝苏联提出的联合行动建议,并最终使自己陷入战争时所说:

> 英国在将一切援助和优势都白白浪费掉后才带着法国一起保证波兰共和国的完整。当时距离贪婪的波兰人参与瓜分捷克斯洛伐克也只过了半年时间。1938年,如果英国为捷克斯洛伐克而战,也是有意义的:当时的德国军队在西线只有六个训练有素的师,而法国当时部署在西线的六十至七十个师绝对可以大踏步跨过莱茵河,或者直捣德国的鲁尔区。但这居然被认为是无理、轻率、不道德的行为。结果后来形势危急,甚至到了西欧两个民主国家决定不顾国家存亡,去维护波兰共和国领土完整的程度。我们都说,历史是对人类的罪行、愚蠢和痛苦的记录。或许翻遍历史,人们也很难找到第二段这样的历史:先是持续五六年宽松的绥靖政策,然后几乎在一夜之间就转变为决心接受一场显然迫在眉睫的战争。而这场战争的条件之艰苦、规模之大亦绝无仅有……
>
> 结果到最后,战争要在最糟糕的时刻以最不好的理由爆发,这肯定会导致数以千万计的人遭灾。①

这就是丘吉尔在事后给张伯伦的愚蠢下的惊人结论。丘吉尔自己亦曾在英国国内争辩正酣之际支持过张伯伦的"波兰保

---

① 丘吉尔:《第二次世界大战回忆录》,第1卷,第311页到第312页。——原注

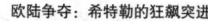

证"。很明显,1939年的丘吉尔就像大多数英国领导人一样,失去了英国政治家特有的政治风度和冷静的政治判断力,变得头脑发热、行事冲动了。

第 2 章 战争爆发时双方力量的对比

The Opposing Forces at the Outbreak

第2章 战争爆发时双方力量的对比

1939年9月1日,星期五,就在这一天,德国发动了入侵波兰共和国的军事行动。1939年9月3日,星期日,英国对德国宣战。英国宣战六小时后,面对战争更加犹豫不决的法国效仿英国,对德国宣战。

在对英国议会发表重要讲话时,已届古稀之年的英国首相张伯伦用了这样一句话作为结论:

> 我无比相信,我会活到希特勒主义的毁灭和欧洲重获解放的那一天。①

然而,波兰共和国只坚持不到一个月就被德国击败了。在接下来的九个月里,西欧大部分国家都惨遭希特勒点燃的战火的吞噬。尽管最后希特勒政权还是被推翻了,但昔日"自由的欧洲"从此不再。

英国工党代表阿瑟·格林伍德在就英国对德国宣战表示欢迎

---

① 然而,张伯伦在1940年11月9日就去世了。——译者注

第 2 章　战争爆发时双方力量的对比

或许正因如此，丘吉尔才会一再敦促法国支援波兰并向德国宣战。法国驻英国大使的公文写道："（在催促我们对德国开战的人中）最激动的要数丘吉尔了。他说话像连珠炮似的，仿佛我手中的听筒也在颤抖。"然而，同样是在1939年3月，丘吉尔自称，关于向波兰做出保证一事，他"完全站在首相张伯伦一边"。他跟当时大多数英国首脑一样，还认为就维护和平的手段而言，向波兰提供如此保证是有价值的。只有大卫·劳合·乔治先生一人指出"波兰保证"是既危险又不切实际的。但这种警告被《泰晤士报》讥讽为"活在自己脑海中奇异而遥远的世界里的大卫·劳合·乔治先生无法慰藉的悲观主义情绪的发作"。

为了便于对比，我们还应指出，其实在军界一些头脑尚且清醒的军人中还不存在这样的幻想。就我自己而言，在大战刚爆发时也做出了战略估计，曾经预见到波兰和法国在战争初期就会失败。我的预测结论中对当时形势的概括是："总的来说，由于我们立足的战略并不完美，因此我们已经陷入困境。这种困境也许是我国历史上最大的一个。"但当时人们大都冲动，昏了头，既看不清眼前的事实，也看不到未来的发展。

面对德军的钢铁洪流，当时的波兰陆军还能再多坚持一段时间吗？当时，英国和法国在帮助波兰对抗德国的时候还能再多出些力吗？如果现在单看德军与波兰军队的纸面兵力数据，似乎这两个问题都能得到"可以"的答复。波兰军队占有人数优势，足以将德军挡在前线。即便不能将德军挡在前线，至少可以大大减缓德军进攻的速度。同样，就兵力数据而言，法军也可以击败西线的德军。

当时,波兰陆军有三十个现役师和十个预备师。除此之外,至少拥有十二个规模庞大的骑兵旅,其中摩托化骑兵旅只有一个。就战争潜力而言,因为波兰有近二百五十万名"受过军事训练的男性",所以波兰还能动员比现有陆军师兵力总数还要多的后备军。

法国动员了相当于一百一十个师的兵力,其中至少包括五十七个步兵师、五个骑兵师、两个机械化师及一个正在组建的装甲师在内共六十五个现役师的兵力。即便需要从其中抽调一些部队来防备可能在法国南部和北非发动进攻的意大利,法国最高统帅部仍能在北部前线集结八十五个师来对付德国人。除此之外,法国还可动员五百万名受过军事训练的人员。

在战争爆发初期,英国除了负责中东和远东的防务,还承诺派遣四个常备师——英国实际派遣的兵力相当于五个师——去法国。但因为海运速度较慢,再加上为了防备空袭而不得不采取迂回的方式航行,所以一直到1939年9月底才到达法国。

当时,英国除了少而精的常备军力,还在组建一支由二十六个师组成的本土野战部队。但本土野战部队的第一个分遣队直到1940年才进入战场。此前,英国除按照惯例动用海军封锁敌人的海上交通线外很难再有什么作为。同时,海上施压的效果向来不是立竿见影的。

英国拥有一支总数刚过六百架的轰炸机队。虽然数量是法国的两倍,却连德国的一半也不到。更何况当时的轰炸机无论是载弹量还是航程都有限,因而用轰炸机正面打击德国实际上收效甚微。

德国动员了九十八个师的兵力。其中共有五十二个现役师,

第2章 战争爆发时双方力量的对比

包括六个奥地利现役师在内。在剩下的四十六个师中，只有十个大部分由入伍不到一个月的新兵组成的师适合参战。其余的三十六个师的士兵都是年届不惑、不熟悉新式武器和战术的老兵，同时缺乏火炮及其他武器。训练这些师并使之具备战斗力很费时间。德军统帅部对这种进展缓慢、超出预估时间的部队训练感到非常忧虑。

1939年，德国陆军根本没有做好战争准备，而德军将军即使能上阵作战也只是因为希特勒的反复保证，实际上对开战毫无准备。他们原本更愿意先稳步培养一批训练充分的基层骨干，但最后还是极不情愿地答应了希特勒快速扩军的要求。希特勒反复对将军们强调，以后会有很多时间进行基础训练。他甚至强调说，他不会在1944年以前使战争扩大化。然而，德军面临的不只是规模不足的问题，还有装备奇缺的问题。然而，一般人后来认为德军在战争初期势如破竹是因为压倒性的武器优势和兵力优势。

第二个幻想过了一段时间才慢慢澄清。即便是丘吉尔在《第二次世界大战回忆录》中也赫然写道："1940年，德军至少拥有一千辆重型坦克。"事实上，当时德军一辆重型坦克也没有。战争开始的时候，德军只装备了屈指可数的二十吨级中型坦克。德军在波兰战场上投入的装甲部队大多是重量轻、装甲薄的小坦克。[①]

经过对比，我们发现法国军队和波兰军队拥有共计一百三十个师的兵力，而德军只有九十八个师的兵力，其中三十六个师既未完成整编，又缺乏训练。而对比后备军，差距就变得更大了。

---

① 巴兹尔·利德尔·哈特：《坦克》，第2卷，附录5。——原注

德国能以少胜多的关键是因为它占了"地利"——处于法国和波兰共和国之间，将它们一分为二。德国可以先猛攻两国中较弱的波兰共和国。法国若要为波兰解围，则必须先突破德军已经有所准备的防线。

即便如此，就军队数量而言，波兰的四十八个现役师和六个已动员的预备师应该足以抵御德军的进攻了。但实际上，波兰预备部队还未来得及投入战斗，战争就结束了。

表面上看，法国拥有足够的优势击垮西线德军并直捣莱茵河。德军将领因法国可能发起进攻而忧心忡忡，后来因法军最后并没有这么做而感到庆幸。大多数德国将领还停留在1918年的思维模式，并且和英国人一样高估了当时的法国军队。

如果事先做过调查并对当时固有的不利条件及1939年投入的全新战术有比较清楚的了解后再研究这段历史，那么对于波兰共和国"守不守得住"、法国"帮不帮得了"的看法就会大不相同。也就是说，如果用当时比较先进的军事理念来看待即将爆发的战争，法国和波兰共和国在战争爆发前就能知道，靠自身挽回败局是不可能的。

丘吉尔在谈及波兰军队的溃败时说道：

> 当时的英国和波兰没人明白：能抵御炮火攻击、日行百里的新型装甲车到底在战场上可以带来怎样的战果。[1]

---

[1] 丘吉尔：《第二次世界大战回忆录》，第1卷，第425页。——原注

第 2 章 战争爆发时双方力量的对比

对于英国和法国大部分军政要员而言,这样的评论一针见血。但其实装甲车辆的巨大战争潜力最早是在英国由少部分思想先进的军事思想家提出的。他们后来不断解释并提倡这种战争潜力的前景。

丘吉尔在《第二次世界大战回忆录》第2卷谈及1940年法国沦陷的部分中写下了一段虽有所保留但值得注意的话。

> 我多年不曾接触官方情报,这导致我无法理解这从上次世界大战以来兴起的重装甲部队大规模快速突击战术引起的巨大变革。我对这种巨大变革虽然了然于胸,但从未认同。①

丘吉尔能如此坦率,十分可嘉。但这样的评论竟然出自一个在第一次世界大战时就曾大力赞助过坦克项目的人之口,这是一件很值得注意的事。1927年,在索尔兹伯里平原上,世界上第一支试验性质的坦克部队被建立。这支试验坦克部队用以检验被高速坦克战支持者鼓吹了好几年的新理论。当时正值1924年到1929年丘吉尔当财政大臣的任期。可以说,丘吉尔完全熟悉高速坦克战支持者的思想,并且曾视察过试验坦克部队的活动。甚至在财政大臣任期结束后的好几年,丘吉尔都跟试验坦克部队保持着联系。

在法国,官方并不理解高速坦克战的新思想。因此,对这种新思想的抵制,法国甚于英国,而在波兰,偏见变本加厉。法国

---

① 丘吉尔:《第二次世界大战回忆录》,第2卷,第39页。——原注

军队和波兰军队在1939年的失败及一年后法国军队遭受的更加惨重的失败,其原因皆根植于此。

波兰军队的建军主导思想是陈旧的,其部队的组织形式在很大程度上一样陈旧。波兰军队既没有装甲师,也没有摩托化师,旧式军队极度缺乏反坦克炮和防空炮。更糟糕的是,波兰领导人仍然迷信保有大量骑兵的价值,仍然可悲地寄希望于有机会发动大规模骑兵冲锋来打败德军。有点儿讽刺的是,我在战前不久出版的《英国的防御》一书第95页到第97页中曾经表达过对波兰将领仍然寄希望于以传统骑兵冲击现代机械化部队的忧虑,但波兰外交部看了以后竟暴跳如雷,还就书里的论断提出了正式抗议。从这个角度来看,说波兰领导人的思想落后了八十年一点儿都不过分。尽管脑子被骑兵冲锋思想占据的军人会对坦克主导的新式作战思想视而不见,但美国内战的经验与教训就已经告诉我们,骑兵冲锋早就分文不值了。第一次世界大战期间,所有参战国还在为一场心中希望、实际却并未到来的骑兵大战而保留着大量的骑兵部队。这简直是静态战争中的天大笑话。

此外,法军虽然已经具备很多现代化元素,但这些现代化元素都没有被很好地整编和利用。法国坦克尽管速度慢一些,但毕竟大部分比德国坦克个头更大,装甲更重。①然而,法军统帅部的观念还停滞在遥远的1918年。它仍然认为坦克是步兵的"仆人",或者作为骑兵的补充承担侦察任务。由于陈旧观念的束缚,法国并没有像德国一样将坦克编入装甲师,而是继续将这些

---

① 巴兹尔·利德尔·哈特:《坦克》,第2卷,第5页到第6页。——原注

第 2 章　战争爆发时双方力量的对比

庞然大物大材小用。

法国新式陆军部队的弱点因缺乏空中支援而变得更加突出，波兰的情况则更糟。波兰因制造业不够发达，尚可理解，而法国就不能找此类借口了。法国和波兰在建设军队时都着重于陆军，空中力量只作为次要军力进行建设。因为将军们的意见在分配预算时占主导地位，而将军们当然会选择建设一支自己最熟悉的军队。他们根本没有"地面部队要依托空中支援才能充分发挥效能"的远见。

法国军队和波兰军队的失败还可归因于两国军队高层的极度自满。对法国人来说，第一次世界大战的胜利培养了法军的骄傲情绪，那些总是拜倒在法国自以为优越的军事实力面前的国家则助长了法军的骄傲情绪，而波兰则依然沉浸在1920年对苏战争的胜利之中不能自拔。两国骄傲的军事将领对自己的军队和军事技术都很自负。只能说，法军中只有像夏尔·戴高乐上校这样的年轻一辈，才会对一些始于英国却为法军高级将领嗤之以鼻的新军事思想感兴趣。这与认真研究新军事思想的德军新派将领们形成了鲜明的对比。①

即便法国和波兰如此落后，德国陆军离拥有高效、现代化的作战能力还很远。德军不仅基本没做好战争准备，甚至大部分现役师在组织上都过时了，连最高统帅部也总是倾向于按照既有规章办事。不过，德军在战争爆发之初还是编成了少量的新式部队，包括六个装甲师、四个轻型师和四个负责支援的摩托化步兵师。新式部

---

① 巴兹尔·利德尔·哈特：《坦克》，第2卷，第5页到第6页。——原注

队在德军占比很小,重要性却比其他部队都大。

与此同时,以古德里安为代表的少部分德军将领热心地向希特勒鼓吹新军事思想,而喜欢一切速战速决解决方案的希特勒自然对此表示赞成。在这种情况下,德军最高统帅部再三犹豫后最终还是认可了速战速决的新理论,并且愿意一试。总之,德军能在战争初期取得一连串惊人的胜利,其原因根本不是拥有压倒性的兵力或完全现代化的部队,只不过是在几个关键方面比对手领先一点儿罢了。

第一次世界大战期间,法国总理乔治·克里孟梭曾说:"战争事关重大,不可任凭军人处置。"这句名言曾被多次引用,而1939年的欧洲局势又使这句看似矛盾的名言增值不少,甚至融进了新的含义。即便我们可以绝对相信军人的判断,也不能听任军人处置战争。因为就算不是发动战争的力量,维持战争的力量也早就从军人的军事领域转移到经济领域了。因为战争的模式逐渐朝着机械支配人力的方向演进,所以工业资源和经济资源才是总体战略的实际主角,而在前线厮杀的军队反倒成了陪衬。除非工厂和油田可以不停地维持供应,否则军队就将沦为一堆不能动的铁疙瘩。一支军队行进的队列可能在满怀敬畏观看的普通人心中留下深刻印象,但对于现代军事家而言,它不过是传送带上的木偶。然而,从这个角度看,这倒是一种可以拯救文明的潜在因素。

如果只计算双方军队现有人数和武器装备,则盟军的前景黯淡得多。《慕尼黑协定》改变了欧洲的战略平衡,至少一时让英国和法国损失惨重,陷入了困境之中:盟军不但因捷克斯洛伐克共和国被肢解而白白损失了三十五个全副武装的师,而且要对付

欧陆争夺：希特勒的狂飙突进

时用"我们心中的大石头总算落地了，一切都会雨过天晴"来抒发自己如释重负的感觉。随后，台下掌声雷动。看得出来，阿瑟·格林伍德说出了议员们的心里话。最后，他的发言以下面这句话作为结尾："愿战争进展迅速，持续时间短，也希望随之而来的和平岁月能永远傲然立于恶魔被毁灭的废墟之上。"

然而，无论对双方的人力物力进行怎样的计算，都无法得出"战争进展迅速，持续时间短"的结论。实际上，无论战争持续多久，仅凭英国和法国是没有希望击败德国的。如果还抱着"一切都会雨过天晴"的幻想，那就更蠢了。

当时很多人都对波兰的实力心存幻想。本应见多识广的外交大臣爱德华·伍德居然认为波兰比苏联的军事价值更高，因此主张英国与波兰结盟。1939年3月24日，也就是张伯伦宣布"波兰保证"的几天前，爱德华·伍德把希望与波兰结盟的想法告知了美国驻英国大使。1939年7月，英军检察长威廉·艾恩赛德将军赶赴波兰视察了波军，并在返回英国时传达了一份被丘吉尔称为"赞赏有加"的报告[1]。

人们对法军抱有的幻想更大。1938年4月14日，丘吉尔把法国陆军称作"欧洲最精良、最忠诚的机动部队"。大战爆发前几天，丘吉尔会见了法国野战部队司令阿方斯·约瑟夫·乔治将军。因为看到了法国兵力与德国兵力的对比数字，丘吉尔对法军产生了很好的印象。他说："你们赢定了。"[2]

---

[1] 丘吉尔：《第二次世界大战回忆录》，第1卷，第357页。——原注
[2] 丘吉尔：《第二次世界大战回忆录》，第1卷，第357页。——原注

第2章 战争爆发时双方力量的对比

那些因战略平衡遭到如此改变而得以腾出手来的德国师。这样一来，即使英国和法国加速各自军事整备的步伐，在很长的时间内也于事无补了。

德军突袭孤立无援的捷克斯洛伐克共和国，将其军火工厂和武器装备"照单全收"，一下就让英国和法国在1939年3月扩充军备的成果付诸东流。仅重型火炮一项，德军的保有量就翻了一番。雪上加霜的是，西班牙的佛朗哥在德国和意大利援助下顺利推翻了西班牙共和政府，这意味着法国的边境与英国及法国海上交通线又增添了一层威胁的阴影。

此时，从战略上看，英国和法国只有在获得苏联援助的情况下才能在有限的时间内重新获得战略平衡。同时，对德国而言，这是一次向西欧列强开战的最好机会。只是战略上的优势是建立在雄厚的经济基础上的。在战争的压力下，希特勒当真可以长期保证德军的后勤供应吗？

维持战争的必需品大概有二十余种。在整个生产环节上都需要煤炭；而驱动千军万马则需要石油；棉花、羊毛和铁在制造爆炸物过程中必不可少；生产轮胎需要橡胶；制造一般的武器和电力设备则需要铜；炼钢和制造弹药都需要镍；铅用来制造子弹头；制造无烟火药需要纤维素；生产雷管需要汞；制造飞机需要铝；化学仪器需要铂；炼钢和一般冶金需要锑和锰；制造军火和机械需要石棉；云母可以造绝缘体；硝酸和硫则用来生产炸药。

英国缺乏上述资源中除煤炭以外的绝大部分。但只要确保海运畅通，便可轻易从大英帝国的殖民地获得上述大部分资源。举例说明：全世界大约百分之九十的镍都产自加拿大，其余大多来自法属新喀里多尼亚。英国主要缺乏锑、汞、硫、石油这类战争资源。

英国缺乏的上述资源并不能从法国及其殖民地获取，因为法国自己还缺少棉花、羊毛、铜、铅、锰、橡胶及一些需求量较小的战争资源。

尽管苏联能大量提供以上产品，但苏联自己缺乏锑、镍和橡胶。此外，硝酸和硫的供应也不足。

列强中只有美国处境较好。美国的石油产量在世界石油供应总量中占比高达三分之二，棉花和铜的产量则占世界总产量的一半。美国只需从国外进口锑、镍、橡胶、锡和一部分锰即可。

德国、意大利和日本轴心国各自的资源禀赋状况差异很大。意大利需要进口包括煤炭在内的大部分资源。日本的状况更糟，其资源供应几乎完全依赖海外。德国本土并不出产棉花、橡胶、锡、铂、铝土矿、汞和云母，而铁矿石、铜、锑、锰、镍、硫、羊毛和石油的供应则远远不够。德国可以通过占领捷克斯洛伐克共和国来缓解铁矿石供应的压力，并通过干涉西班牙内战以优惠条件获得更多的铁矿石和汞。尽管这都取决于德国对海运的利用。此外，德国成功使用一种木质代替品解决了部分羊毛的需求缺口。同时，德国用上了"丁纳橡胶"。这种比天然橡胶成本高得多的合成品解决了德国五分之一的橡胶需求量。德国本土的石油产量也供应了德军燃油总需求的三分之一。

资源不足是制约轴心国军事能力的"阿喀琉斯之踵"。因为当时各国的陆军越来越倚重汽车运输，空中力量也成为军事力量中不可缺少的要素。除了煤的衍生物，德国可以自产五十万吨石油，从

第 2 章 战争爆发时双方力量的对比

奥地利共和国和捷克斯洛伐克共和国可以再获得一点儿。在和平时期，为了满足使用需要，德国每年主要从委内瑞拉、墨西哥、荷属东印度群岛①、美国、苏联②和罗马尼亚进口大约五百万吨石油。在战争时期，德国是不可能从前四个国家那里得到石油的，而从后两个国家获取石油就只能依靠军事征服了。另据估计，德国在战时每年需消耗一千两百多万吨燃料。这样一来，仅凭增产人工合成燃料是无法满足德军需要的。德国只有占领年产油七百万吨的罗马尼亚油田，才可能填补燃料不足的空缺。

意大利如果参战，则势必增加石油供应的负担。因为意大利战时每年油耗高达四百万吨。即便意大利商船愿意通过亚得里亚海从阿尔巴尼亚进口石油，也只能获得石油总需求量的百分之二左右。

设身处地考虑一下敌人的处境并分析他们的劣势是克服畏敌怯战心理的好办法。尽管战争前景黯淡，我们仍可以安慰自己：只要盟军能迅速缓过神来坚守阵地，拖垮资源匮乏的德国和意大利，那么援军一到便可克敌制胜。在当时任何一场即将来临的军事冲突中，能否速战速决对轴心国的成败起着决定性作用。

---

① 即今天的印度尼西亚。——译者注
② 根据《苏德互不侵犯条约》的规定，德国可以从苏联获得石油、铬和镍等资源。——译者注

第3章

苏德瓜分波兰

The Overrunning of Poland

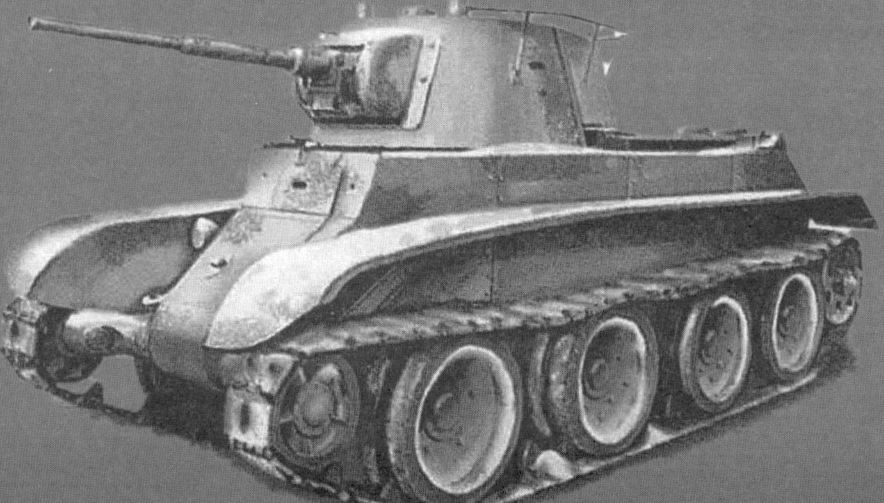

第 3 章　苏德瓜分波兰

波兰战役是空中力量和地面装甲力量协同作战的首次实践与绝佳范例。这种快速运动战术的理论首次出现在英国，发展可谓"闪电"般迅猛。讽刺的是，从那以后世界并没有记住英国的运动战，倒是记住了德国的"闪电战"。

波兰是打闪电战的绝佳战场：宽阔的边境线绵延三千五百英里[①]，其中一千二百五十英里与德国相接。波兰共和国因为参与了瓜分捷克斯洛伐克，所以与德国接壤的边界延长到一千七百五十英里。波兰共和国的北部边境本就面临东普鲁士德军的威胁。由于德国人占领了捷克斯洛伐克，现在波兰共和国的南部边境也暴露在德国人的枪口之下。在德国南北两面的钳制下，波兰共和国的西部就变成了一个巨大的突出部。

虽然波兰共和国的公路比法国少，路况也常因沙地、沼泽和森林的影响而比法国差，但波兰共和国平坦开阔的平原地形还是比较适合入侵者的机动部队"驰骋"的。更何况当时德国选定的进攻时间亦将地理上的不利因素降至最低。

---

① 英里，英制长度单位，一英里约等于一点六千米。——译者注

当时,波兰军队本有一个妙计:将部队集结地设在宽阔的维斯瓦河和桑河以东。但如果实施这个计策就意味着波兰共和国要因此放弃部分最重要的领土。1918年以前曾属于德国,并于第一次世界大战后被波兰共和国占领的西里西亚煤田就靠近德波边境。尽管波兰共和国的主要工业区大都远离边境,但它们始终位于宽阔的维斯瓦河以西,并不在两条河构成的预设防线范围以内。即便一切顺利,波兰军队也很难守住前线。但由于强烈的民族自尊和军事自负,再加上对西欧盟友的援助抱有过高期望,波兰共和国高层就更没有理由不为了经济利益而在前线部署军队了。

波兰军队的部署一再体现了不切实际的态度。三分之一的兵力集结在极易遭到东普鲁士和德国本土协同夹攻并双层包围的波兰走廊。德国一度宣称要收复这片因第一次世界大战战败而丢失的领土。而仅仅为了"民族荣耀",波兰人就不惜从德军入侵的主要通道——波兰共和国南部抽兵防守波兰走廊。与此同时,波兰军队另有近三分之一的兵力在总司令、陆军元帅爱德华·雷兹·希米格维率领下集中在罗兹到华沙一线作为预备队。波兰军队的部署体现了进攻精神,但机动能力不足,即便是在没有被德军空袭的前提下靠铁路和公路行军,也无法从实质上达到反击目的。

波兰军队大部兵力因为被部署在前线,所以基本丧失了迟滞德军并将其拖入泥潭的能力:仅靠两条腿行军的波兰军队根本来不及赶在德军的机械化纵队穿插之前撤退到后方阵地,更别提展开布防了。虽然德军赶在波兰军队预备部队完全集结前就占领了波兰,靠出其不意获得胜利,但宽阔的疆域和机动能力严重不足的军队才是波兰共和国真正的"致命伤"——机动性不足比动员

第3章 苏德瓜分波兰

不充分更要命。

同理，德军在波兰战役中投入的四十多个步兵师实际上完全不如另外十四个机械化师或半机械化师的贡献大。十四个机械化师包括六个装甲师、四个各配有两个装甲营的摩托化轻型步兵师及四个摩托化师。正是快速向纵深推进的十四个师和在战争初期摧毁波兰空军和波兰铁路系统的德国空军才决定了德国的胜利。

德国空军并没有采用大编队作战的方法，而是分散出动，在广阔的波兰共和国领土上四处制造瘫痪。此外，德国以己方电台伪装成波兰共和国电台向波兰人发动广播攻势，在波兰共和国后方制造混乱和沮丧情绪。波兰军队太自信，本以为能用血肉之躯战胜德国的机械化部队，却因为残酷事实导致幻想破灭。空袭、舆论战等因素又让波兰军队的幻想破灭得更加彻底。

1939年9月1日5时，德国开始对波兰共和国发动猛烈的空袭。6时，德国地面部队跨过波兰共和国边界。德国北方集团军群下辖格奥尔格·冯·屈希勒尔的第三集团军和克卢格的第四集团军，在费多尔·冯·博克的率领下从北部进攻波兰共和国。其中，第三集团军从东普鲁士侧翼阵地自北向南进攻；第四集团军从德国东北部向东跨过波兰走廊与第三集团军会合，包围波兰军队右翼。

伦德施泰特的南方集团军群担负了更艰巨的任务，也因此配备了两倍于北方集团军群的步兵和更多的装甲部队。南方集团军群由第八集团军、第十集团军和第十四集团军组成。约翰内斯·布拉斯科维茨的第八集团军位于左翼，它向波兰共和国制造业中心罗兹推进，协同围困位于波兹南突出部的波兰军队并掩护瓦尔特·冯·赖歇瑙的第十集团军的侧翼。威廉·利斯特的第

欧陆争夺：希特勒的狂飙突进

十四集团军位于右翼，在向克拉科夫推进的同时绕过了波兰军队控制的喀尔巴阡山脉，并令保罗·冯·克莱斯特的装甲部队直插喀尔巴阡山口。因为第十集团军负责主攻，所以大部分装甲部队都配给了瓦尔特·冯·赖歇瑙。

德国入侵波兰的成功同样要感谢宁可靠反攻也看不起防御作战的波兰共和国将领。他们深信自己的部队即使机械化程度不高也能高效执行命令。德军机械化部队因此得以轻易在波兰平原上选择合适的通道发起进攻，并且通过正面回击加后方迂回的"组合拳"彻底击溃波兰军队组织的大部分反击。

截至1939年9月3日英国与法国参战时，克卢格的部队已经切断了波兰走廊并到达维斯瓦河下游。格奥尔格·冯·屈希勒尔正逐步从东普鲁士向纳雷夫河施加压力。

更重要的是，这时，瓦尔特·冯·赖歇瑙的装甲部队已经在强渡瓦尔塔河了。同时，威廉·利斯特的第十四集团军正从两侧向克拉科夫围拢过来，迫使波兰军队的安东尼·希林集团军放弃了克拉科夫，并撤退至尼达河到杜纳耶茨河一线。

1939年9月4日，瓦尔特·冯·赖歇瑙的先头部队到达并跨过了位于波兰共和国边境后方五十英里的皮利察河。9月6日，瓦尔特·冯·赖歇瑙部队的左翼部队在占领托马舒夫后已经将触角伸至罗兹的后方，右翼部队则已经攻进了凯尔采。如此一来，负责守卫罗兹的波兰军队罗梅尔集团军便处于德军两面夹攻的危险之中，处于前线波兹南附近的塔德乌什·库切巴集团军也面临被围困的危险。德军其他部队的包围行动在德军总参谋长弗朗茨·哈尔德、德国陆军总司令瓦尔特·冯·布劳希奇的指挥下都有所进

第3章 苏德瓜分波兰

展。波兰军队被德军分割包围，互不相顾。在这种情况下，波兰军队要么撤退，要么就只能零散地进攻离自己最近的德军。

如果德军愿意一改传统，让机动部队发挥速度优势，甩开支援步兵单独行动，那么其推进速度还会快得多。不过，开战后短短数天获得的经验表明，由于波兰军队阵脚大乱，德军发现面临的危险已经减少，就采取了更加激进的战术。1939年9月8日，瓦尔特·冯·赖歇瑙麾下的一支装甲部队就利用罗兹到皮利察河之间的缺口突进至华沙近郊，在开战第一个星期就行进了一百四十英里。9月9日，瓦尔特·冯·赖歇瑙部队右翼的轻型师杀到了华沙到桑多梅日之间的维斯瓦河以南，然后转而向北进攻。

与此同时，威廉·利斯特的机动部队在喀尔巴阡山脉附近渡过杜纳耶茨河、比亚瓦河、维斯沃卡河和维斯沃克河，一直打到著名的普热梅希尔要塞附近的桑河。战场北面，古德里安的装甲部队，也就是格奥尔格·冯·屈希勒尔的先头部队渡过纳雷夫河，向华沙后方的布格河一线发动进攻。因此，在对华沙西部维斯瓦河弯曲处的波兰军队发动钳形攻势的外围，德军又搞了一个更大的钳形攻势。两道钳形攻势将波兰军队团团包围。

德军这一阶段的进攻计划也发生了很大的变化。由于波军阵脚大乱，各个纵队看上去似乎正朝着不同方向前进。波兰军队卷起的尘土影响了德军空中侦察的质量。因此，德国对于波兰战局的看法出现了分歧。德军最高统帅部倾向于认为大部分北方波兰军队已经逃过维斯瓦河。基于这种判断，德军最高统帅部命令瓦尔特·冯·赖歇瑙集团军在华沙与桑多梅日之间渡过维斯瓦河，截断波兰军队往东南方向败逃的退路。不过，伦德施泰特坚持认

为大部分波兰军队还没有渡过维斯瓦河。后来,伦德施泰特的意见在争论中占了上风。因此,瓦尔特·冯·赖歇瑙的部队随即转向朝北,在华沙西部的布楚拉河一带建立了封锁阵地。

结果,大部分波兰军队还没来得及渡过维斯瓦河就被德军困住。德军除了在波兰军队抵抗最薄弱的地带进行了穿插并占了便宜,还在战术防御方面占到了优势。现在,德军只需要坚守阵地就可以坐等胜利。因为波兰军队正在包围圈内作战,与后方基地的联系被切断,补给也日益短缺。同时,约翰内斯·布拉斯科维茨第八集团军和克卢格的第四集团军在波兰军队后方和侧翼施加的压力也越来越大。虽然波兰军队英勇的战斗精神赢得了德军的尊重,但波兰军队最终仅有小部分趁夜成功突围,与华沙方面的友军会合。

1939年9月10日,波兰共和国陆军元帅爱德华·雷兹·希米格维发布命令,要求各部队向卡齐米日·索斯恩科夫斯基将军所在的波兰共和国东南部全面撤退,并在一条比较狭窄的战线上持久防守。但这条命令极难执行。一方面,德军正在收紧维斯瓦河以西的大包围圈;另一方面,德军往维斯瓦河以东突击。此外,德军分别包抄了波兰共和国北部的布格河一线和南部的桑河一线。在格奥尔格·冯·屈希勒尔方向,古德里安的装甲部队正向南推进,包围了布列斯特-立陶夫斯克;在威廉·利斯特方向,保罗·冯·克莱斯特的装甲部队于9月12日抵达利沃夫。德军在利沃夫遭到波兰军队阻击,随后向北散开,与格奥尔格·冯·屈希勒尔的部队会师。

德军纵队因长驱直入而疲惫不堪,燃料也出现了短缺。但波

第3章 苏德瓜分波兰

兰军队的指挥系统和部队的作战能力严重脱节，没法在德军攻势暂时放缓，并且很多孤立的波兰军队仍在抵抗时充分发挥指挥作用来扭转战局。于是，前线的波兰军队的散兵只能自顾自地乱打一气，空费精力，而德军却能一点点缩小对波兰军队的包围圈。

1939年9月17日，苏军跨过波兰共和国东部边境。苏联的背后一击为波兰共和国敲响了丧钟，因为波兰共和国已经拿不出多少部队来抵抗苏军的入侵了。9月18日，波兰共和国政府和统帅部被迫迁到波兰与罗马尼亚边境。波兰军队总司令发电报要求部队继续抗战。可最终收到总司令电报的波兰军队并没有多少。在随后的日子，许多波兰军队还是如电报要求的那样坚持战斗，直到最后陆续失败为止。面对侵略者，华沙守军顶着来自空中和地面的猛攻，一直坚持到9月28日。10月5日，最后一支数量不少的波兰军队投降。波兰游击队则一直撑到1939年冬季。另有八万名波兰将士越过边境线逃进了中立国。

德军终于在一条从东普鲁士往南越过比亚韦斯托克到布列斯特-立陶夫斯克、喀尔巴阡山脉直到利沃夫的战线上和苏军会师。

此时，法军的进展只是在德国西部前线开了一个小口子而已。法军看上去更像"出工不出力"。毕竟这里的德军兵力不足、防守薄弱。人们乍一看当然会觉得法国理应能出更多力。但若深入分析，就能推翻这个根据双方兵力对比数字就草率得出的"明显结论"。

法国东北部边境线绵延五百英里。法军如果不想破坏比利时和卢森堡的中立，就只能在莱茵河到摩泽尔河一线狭窄的九十英里战线上发动进攻。德军完全可以在狭窄的战线上集中精锐部队

组织防守。为了进一步延缓法军进攻速度,德军还在通往齐格菲防线的路上布满了地雷。

更糟的是,除了一些初步的试探动作,法军攻势直到1939年9月17日才正式开始。当时的局势已经足以令法国以波兰共和国"大势已去"为借口取消进攻了。为什么法军不能提早发起进攻?因为法军的动员制度已经过时了。法军之所以有如此致命的过时制度,是因为对义务兵过于依赖的缘故。部队只有等大批"训练有素的后备军"从各行各业被召集、编入后才算是做好了战斗准备。法军进攻的延误甚至因法国最高统帅部一再坚持第一次世界大战时的"先由火炮开路再让步兵进攻"的旧战术而变本加厉。法军还是把重炮当作撕开德军防御阵地的"开瓶器"。但法军要先把大部分重炮拖出仓库,并在法军动员的最后阶段,也就是开战后第十六天才能配发到部队手中。这个条件严重制约了法军进攻的节奏。

几年前,法国政治家保罗·雷诺就一再指出当时的征召兵制度已经过时,应该组建一支可立即投入战斗的职业化、机械化的军队替换现有制度下的旧军队。但保罗·雷诺的呼声始终如同在荒野中大叫一般,无人回应。因为法国政治家和大多数军人一样,都相信只有征召兵制度和人数优势才能带来胜利。

1939年的波兰战役可以用两句话概括:一是庞大、过时、无可救药的波兰军队竟被德国的轻型坦克部队动用新战术轻易击败;二是强大但动作迟缓的法军竟来不及在形势变得无可挽回前救盟友于水火之中。

第 4 章 「假的战争」

'The Phoney War'

第4章 "假的战争"

美国媒体将1939年9月德国入侵波兰后到1940年春德国进攻西欧之前这段时间里德军与法军在边境上的动作称为"假战争"。这个生动的美国式词汇很快就火遍了大西洋两岸。

"假战争"这个词的创造者认为，英军、法军和德军在这段时间打的战争是不真实的，因为双方在前线都没有什么大动静。其实，双方都在背后偷偷搞小动作。在"假战争"期间，一位德军参谋遇到一件异事，这件异事令希特勒大吃一惊。随后德国在接下来几周内全盘更改了作战计划。如果希特勒还按照原计划作战，是绝不可能取得后来那样大的成功的。

然而，当时全世界对此都一无所知，只是徒然望着平静的战线，断言"战神已经沉睡"。

关于"假战争"有几种热门的解释。一种解释认为，英国和法国虽然为了波兰共和国而对德国宣战，但其实并不想真打，只为以拖待和；一种解释认为英国和法国只是在使计谋——当时，美国媒体就刊登了很多"报道"，说盟军最高统帅部经过深思熟虑后采取了一个巧妙的战略防御计划，并为此设置了陷阱，坐等德军进攻。

以上两种解释都是毫无依据的。其实，1939年秋冬两季，盟国政府和盟军最高统帅部非但没有集中精力切实筹备对德军的防务，反倒下了很大力气讨论了很多天马行空式的从正面和侧翼攻打德军的办法。

法国沦陷后，德国曾仔细整理了缴获的法军统帅部文件，据此发布了一部惊人的文集：1939年冬，盟军指挥官满脑子想的就是怎样全面进攻德国，比如借道挪威、瑞典从侧后方攻打德国；借道比利时攻打德国的鲁尔区；由巴尔干半岛和希腊攻打德国东部；甚至要通过攻打苏联的高加索大油田来切断德国的外部石油来源。可惜这一切都不过是盟国领袖们"美妙"的幻想。很快，希特勒一瓢冷水就将他们从幻想中浇醒，回到现实。

希特勒做事素来老谋深算。他意识到在波兰战争结束、自己提出停战议和之前，进一步进攻西欧的日子即将到来。他也意识到西欧盟军未必会考虑议和。但这时，他也只给左右亲信透露过自己内心的想法。1939年10月6日，希特勒公开求和，随即遭到盟国的公开拒绝。此前，关于议和一事，德军总参谋部一直都被希特勒蒙在鼓里。

1939年10月9日，在一份给德国军事主官的长篇命令中，希特勒提出了自己"攻打西欧是德国的唯一出路"的想法及支撑这个想法的种种理由。这份长篇命令意义深远，因为希特勒认为，德国会被英国和法国用持久战拖垮，苏联届时也会乘虚而入，从东线给德国背后以致命一击。希特勒担心《苏德互不侵犯条约》没法让苏联保持足够长时间的中立。恐惧驱使他必须提早进攻法国，迫使法国求和。他相信，一旦法国就范，英国会随之屈服。

第4章 "假的战争"

当时,希特勒预计,德国已经拥有了打败法国的资本。因为德国人在最重要的新式武器上已经占据了优势:

> 目前,(德国)坦克部队和空军已经占据了其他部队望尘莫及的技术高点,是攻守兼备的利器。只要得到优于其他国家的恰当编制和熟练指挥官的指挥,其军事行动之战略潜力势必不可估量。

希特勒发现法军在各国普遍装备的传统主流武器上占优势,例如重炮。但他认为"这些武器不会在运动战条件下对战局起决定性影响"。希特勒还相信,德军的技术优势足以抵消法军训练有素的士兵多于德军的优势。

希特勒还提出,如果一直等到法国厌倦了战争再作战,"英国兵力的发展就会使法国看到继续作战的新希望。这在物质上、心理上,对法国坚持作战都具有极大的价值",也就是说,一旦拖下去,法国的防御能力会不降反升。

> 我们决不能给敌人弥补武器装备劣势的机会,尤其不能让敌人及时补充反坦克炮、防空炮等足以平衡战斗力天平的装备。攻击西欧的时间每拖一个月,对德军进攻的不利就多一分。

希特勒为德军士兵的"战斗意志"可能随着征服波兰后的兴高采烈逐渐消散而减弱感到不安。他说:"现在,我的自尊完全

不亚于别人对我的尊敬。可如果把对西欧的战争推迟半年,如果敌人的宣传同时跟着起了作用,那么我就会威名扫地。"①希特勒越发觉得有必要在时间来不及前尽快攻打西欧。他说:"当下时间站在西欧一边,并没有站在我们这边。"他的备忘录是这么结尾的:"如果条件允许,今年秋天就要攻打西欧。"

希特勒坚持攻击的目标包括比利时,这不仅是为取得回旋余地,而且是为了绕道包抄法国的马其诺防线,并阻止英国和法国借道比利时在靠近鲁尔的地方建立阵地。法国相关文件显示,借道比利时进逼鲁尔正是法军司令甘末林支持的方案。希特勒曾说:"不能让战火在靠近我国军火工业的心脏地区燃烧。"

希特勒心迹的表露使德国陆军总司令瓦尔特·冯·布劳希奇和德国陆军总参谋长弗朗茨·哈尔德极其震动。他们和大多数德国高级将领一样,并不认同希特勒的看法——仅凭新式武器怎么能与拥有更多训练有素的士兵的对手抗衡呢?瓦尔特·冯·布劳希奇和弗朗茨·哈尔德用常规方法计算了一下德军师的数量,认为德国的兵力远不及西欧各国。他们还指出,德国已经动员的九十八个师比对手的总兵力要少得多,而其中三十六个师装备很差,并且训练不足。瓦尔特·冯·布劳希奇和弗朗茨·哈尔德甚至担心进攻西欧的"小"战争有可能再次演变成一场世界大战,

---

① 后来,事态的发展证明希特勒大可不必这样担心,因为希特勒对西欧的战争事实上还是推迟了七个月。但在此期间,法军的士气比德军低得多。同盟国的宣传也没有起到作用——它们大谈要推翻德国政权,却极少告诉人们德国人民是无辜的、当权的纳粹分子多么坏。更糟的是,尽管德国国内有些秘密集团已经在采取措施密谋推翻希特勒,并青睐于同盟国给出的条件,也愿意与同盟国议和,但英国并不鼓励这样做。——原注

第4章 "假的战争"

而等待德国的结局恐怕是再次战败亡国。

瓦尔特·冯·布劳希奇和弗朗茨·哈尔德忧虑不已。他们打算采用极端手段解决问题。他们希望效法一年前的"慕尼黑事件"①，果断采取行动，把希特勒拉下台。为此，需要调动一支精锐部队进军柏林。然而，政变的"关键人物"——德国预备军总司令、陆军上将弗里德里希·弗罗姆拒绝合作。弗里德里希·弗罗姆辩称，大多数基层士兵信任希特勒，他们是不会服从"打倒希特勒"的命令的。弗里德里希·弗罗姆对部队的判断大体上是正确的，事后发现"大部分带兵的基层军官都不了解上级在密谋什么"这一细节则更能证明这一点。

此时，大部分德国军民不是沉醉在胜利的喜悦中，就是被戈培尔博士的那句宣传——"希特勒只求和平，同盟国却决意毁灭德国"洗了脑。不幸的是，同盟国的政客和媒体的种种言论给了戈培尔博士大量可以用来描绘"同盟国狼要宰德国羊"的口实。

尽管第一次反对希特勒的阴谋就此流产，但希特勒也没能如愿以偿在1939年秋把"进攻西欧"这一设想真正落实。讽刺的是，这是希特勒的幸运，也是包括德国民众在内的全世界民众的不幸。

希特勒最初将进攻西欧的日期定为1939年11月12日。11月5日，瓦尔特·冯·布劳希奇又开始劝说希特勒，希望他打消进攻法国的念头。然而，希特勒严厉驳斥了瓦尔特·冯·布劳希奇的

---

① 指1938年11月9日瑞士男子巴瓦乌德刺杀希特勒未遂事件。希特勒一生曾躲过来自各方的多次暗杀，其中不少来自德军内部。——译者注

观点,把他臭骂一通,坚持一定要按计划发起攻击。结果命令还是在1939年11月7日被更改了。气象学家预报这一天的天气会很差。就这样,德军进攻日期先是"暂缓三天",然后一再推迟。

希特勒一方面不得不勉强承认坏天气显然是德军推迟进攻时间的一个原因,另一方面又不相信这是唯一原因。1939年11月23日,希特勒召集全体高级指挥官开会。希特勒努力打消他们关于进攻西欧的疑虑,并力陈:西欧盟军对他的和平建议不屑一顾,只会一味扩军备战,而苏联日益增长的威胁更令他忧虑。"时间正在为我们的敌人服务。""鲁尔区是我们的致命弱点……如果英法联军经比利时与荷兰穿插直扑鲁尔区,那么我们将会面临空前的危机。"

接下来,希特勒开始斥责高级将领胆小怕事,并向他们明示对他们是否在故意阻挠自己的计划表示怀疑。希特勒还指出,自出兵收回莱茵兰以来,他每要做一件事都会被将军们反对,但他顶住将军们压力做的每一件事都做成了。因此,他希望将军们都住嘴,无条件服从。瓦尔特·冯·布劳希奇试着指出现在冒的风险与过去不一样,结果又被希特勒臭骂一通。当晚,希特勒召见瓦尔特·冯·布劳希奇,私下给了他一个"下马威"。于是,瓦尔特·冯·布劳希奇针锋相对地提出辞职。希特勒不让他辞职,只让他服从命令。

然而,比起将军们的反对,天气是更大的阻碍。1939年12月前半个月,德军预想中的攻势又因恶劣的天气而被推迟了。希特勒不得不因此将攻势推迟到新年过后,并准许将士们圣诞节休假。然而,圣诞节一过完,天气再次变得恶劣。1940年1月10日,

第4章 "假的战争"

希特勒下定决心，要在1月17日发起进攻。

然而，就在1940年1月10日当天，最富戏剧性的"干扰"发生了。很多历史文献对此都有记录，但其中以空降部队司令库尔特·斯图登特的描述最简明扼要：

> 1940年1月10日，我派遣一位少校从明斯特飞到波恩担任第二航空部队的联络官，和空军谈论与进攻计划相关的若干非核心细节。这位少校出发时携带了与西线进攻计划有关的全套文件。
>
> 然而，因为冰冻及大风天气，在飞越冰封的莱茵河时，少校乘坐的飞机迷航了，一下子扎进了比利时，并且不得不在比利时迫降。他来不及将文件全部烧毁。因此，比利时人获得了计划的关键部分，即德国进攻西欧的计划大纲。据德国驻海牙的空军官员报告，当晚比利时国王利奥波德三世和荷兰女王威廉明娜进行了一次电话长谈。

德国当时肯定不知道这些文件下落如何，但仍然害怕最坏的事情发生，并不得不对此有所准备。比起其他惊慌失措的高级将领，希特勒倒是非常冷静。

观察泄密事件发生时德国将领的反应也是一件很有趣的事情。戈林暴跳如雷，希特勒却冷静镇定……希特勒本想立刻进攻，但幸运的是，他没有这么做。他只是决定用曼施坦因的计划将原计划全盘替换掉。

瓦尔特·瓦尔利蒙特将军是德军最高统帅部的高官。他把希特勒在1940年1月16日决定改变计划的理由记录为"主要受到空难的影响"。

后来的发展证明,同盟国很不走运。尽管它们因德国将计划推倒重来并推迟发起攻势而多了四个月的布防时间,但盟军还是在1940年5月10日被德军凌厉的攻势搞得方寸大乱。法军的抵抗土崩瓦解,英军也从敦刻尔克仓促渡海撤退。人们不禁要问:这位德国少校的迫降到底是意外还是阴谋?可以想见,很多德国军官在战后都喜欢向同盟国"招供",说那场"迫降阴谋"是自己指使的,试图以此来取悦战胜者。其实,他们都不是指使者。人们似乎都相信这位德军少校迫降完全是意外。但我们知道德国海军上将、军事谍报局局长威廉·卡纳里斯曾暗中采取多种方式不让希特勒得逞。例如,1940年春,他在德军进攻西欧的前夕曾先后向挪威王国、荷兰王国和比利时王国等受威胁的国家发出警告,只是这些被警告的国家根本就没有认真对待。我们也知道威廉·卡纳里斯身为谍报专家,曾执行秘密任务多年,擅于隐蔽行动的手段。因此,即便1940年1月10日的迫降是威廉·卡纳里斯暗中做了手脚,他也不会留下任何证据。因此,这一重要事件将成为永远解不开的谜题。不过,这类谜团跟希特勒新的进攻计划的起源完全无关。新的作战计划的起源完全是另一种十分奇特的形式。

泄密前的旧计划是由弗朗茨·哈尔德领导德国总参谋部制订的,打算沿用1914年第一次世界大战爆发后在比利时中部发动主攻的老路线。由费多尔·冯·博克的B集团军群担任主攻,伦德施泰特的A集团军群从左翼穿过阿登山脉的森林发动助攻。德国指挥

第4章 "假的战争"

部对伦德施泰特的助攻并不抱希望,因为德国总参谋部认为阿登山脉的地势过于崎岖,不适合大规模的坦克进攻作战。因此,在旧计划中,所有坦克都被划拨给了费多尔·冯·博克。①

当时,A集团军群参谋长是公认的青年将领里最杰出的战略家曼施坦因。曼施坦因认为,当时的旧计划明显就是1914年"施里芬计划"的翻版,因此盟军最高统帅部可能对此早有准备。曼施坦因还称,若沿用旧计划,大概会碰上比法军更难对付的英军。此外,用曼施坦因自己的话来说,这种进攻也不会带来什么实质性的战果。

> 我们或许能在比利时打败盟军,或许能打到英吉利海峡之滨,但我们很可能会再次在索姆河畔受阻,然后一切又回到1914年的堑壕战时代……要跟对手讲和是不可能的。

在这个问题上,曼施坦因早就提出了将主攻方向移至阿登山脉的大胆方案。他觉得阿登山脉将是敌人最想不到的进攻目标。但要实行这个方案则有一个必须要解决的难题。曼施坦因为此专门在1939年11月咨询过古德里安的意见。

以下是古德里安本人的叙述。

---

① 其实,英国总参谋部、法国总参谋部对此持同样的看法。1933年11月,我曾在陆军部刚刚组建坦克部队时建议在德军试图翻越阿登山脉时立刻使用坦克反击。接着,我就被告知"坦克是无法在阿登山脉上通行的"。我回答道,根据我对当地地形的研究,我认为坦克可以在当地通行。我在两次世界大战之间撰写的几本著作曾反复强调过这一点。——原注

曼施坦因问我有没有可能越过阿登山脉攻打色当。他说,他想在色当一带突破马其诺防线的延伸部分,这样就能避免重复使用敌人可能已经有防备的"施里芬计划"那一套。因为经过第一次世界大战,我们对色当一带地形已经非常熟悉了,加之我曾详细研究过地图,因此便给了曼施坦因肯定的答复。

接着,曼施坦因设法说服了伦德施泰特将军,并向以瓦尔特·冯·布劳希奇和弗朗茨·哈尔德为首的国防军最高统帅部呈交了一份备忘录。但国防军最高统帅部拒绝接受该备忘录。

不过,曼施坦因竟成功地将这个点子印在了希特勒的脑海里。[1]

然而,正是瓦尔特·瓦尔利蒙特在1939年12月中旬与曼施坦因谈过一次话后才把这个点子带到了国防军最高统帅部。瓦尔特·瓦尔利蒙特先跟国防军最高统帅部作战局局长阿尔弗雷德·约德尔说明了新方案。随后,阿尔弗雷德·约德尔又将新方案介绍给了希特勒。但希特勒一开始没太在意,直到1940年1月10日旧计划泄露后,曼施坦因的方案才重新在正寻求新的进攻方案的希特勒的脑海中浮现。但希特勒完全接受这一建议,还是一个月之后的事情。

最后的决定以一种"奇特"的方式做出。瓦尔特·冯·布劳

---

[1] 巴兹尔·利德尔·哈特:《山那边》,第153页到第154页。——原注

第4章 "假的战争"

希奇和弗朗茨·哈尔德不喜欢曼施坦因以"灵光一现"来反对他们苦思冥想才得出的作战方案的态度。他们决定将曼施坦因调离原岗位，派他指挥一个步兵军，使他没法像现在这么有力地坚持自己的主张。可曼施坦因刚刚奉命上任就被希特勒召见，得到了完整陈述自己主张的机会。这次会见是由希特勒的国防军最高司令副官办公室首席副官鲁道夫·施蒙特主动安排的。他很钦佩曼施坦因，并认为曼施坦因被亏待了。

之后，希特勒对瓦尔特·冯·布劳希奇和弗朗茨·哈尔德施加很大压力，迫使他们屈服让步，并根据曼施坦因的设计修改了作战方案。虽然弗朗茨·哈尔德不是自愿改变主意的，但他不愧是才华横溢的参谋。弗朗茨·哈尔德制订了一份细节翔实充分、在后勤计划的制订上堪称杰作的军事计划草案。

希特勒一旦喜欢某个关键的新点子，便很快会把它据为己有。他只说曼施坦因是自己的拥护者——"曼施坦因是所有跟我谈过西线作战计划的将领中唯一懂我的人"。

对1940年5月希特勒发动进攻的一系列动作加以分析便会发现，如果按照旧计划，德军最多就是把盟军逼回法国边境，法国很可能不会沦陷。因为德军主力部队若想按原计划达成目的，就必须和战斗力最强、装备最好的英法联军正面交锋，还必须在河流、运河和大城镇等障碍丛生的地区杀出一条血路。看起来，沿着阿登山脉行军确实比走平地更加艰难。如果德军能在法国最高统帅部发现自己的意图前抢先冲过密布山林的比利时南部，法国的大片平原便可任由德国坦克驰骋了。

如果德军真的沿用旧计划并因此陷入困境，整个战局就会大

不相同。就算仅靠英国和法国无法打败德国，但只要拖住德军的攻势就足以为英国和法国扩充军备，特别是增加飞机和坦克的数量赢得的宝贵时间，最终重新实现双方在新式武器方面的平衡。如果希特勒的求胜欲得不到满足，支持他的德国军民信心也会大减。因此，若德国在西线的战事陷入僵局，德国国内强大的反希特勒势力就会获得更多支持，并制订更多为谋求和平而推翻希特勒的计划。若德国因沿用旧计划导致进攻受阻，则无论之后局势如何变化，欧洲都不会出现因法国崩溃导致链式反应而使欧洲民众蒙受如此多的损失和苦难了。

希特勒因那位德军少校迫降事件被迫改变作战计划，并捞到不少好处，而同盟国因此损失惨重。最奇怪的是，同盟国竟然没有充分利用已经落到其手中的警告。因为从那名德国少校手中缴获的文件损毁程度并不严重，比利时政府也几乎立刻就把文件副本交给了英国政府和法国政府。但英法军事顾问都倾向于认为这些文件都是德国政府故意泄露出来的骗局。这种想法简直莫名其妙，因为搞这种愚蠢骗局是要冒很大风险的——比利时可能会提高警惕，并因此与英国与法国走得更近。如此一来，比利时在战争来临前很容易就会做出开放边境、欢迎英法援军进入比利时并强化比利时防御的决定。

更匪夷所思的是，盟军最高统帅部既没有对原防御计划做出改变，也没有为"万一缴获的计划是真的，德军很可能就会在其他地方发动进攻"进行提防。

1939年11月中旬，同盟国最高会议通过了甘末林那个冒险的"D计划"。然而，英国参谋部起初对此是有异议的。计划中提

第4章 "假的战争"

到，盟军左翼部队在希特勒发动进攻时要立即开进比利时，并尽可能向东推进。"D计划"其实正中希特勒下怀：盟军左翼部队越是这么做，希特勒的坦克部队就越容易在盟军往比利时中部开进时沿着阿登山脉向盟军左翼部队的后路迂回，并将盟军主力部队包围。

盟军之所以难逃后路被断的结局，是因为盟军最高统帅部把大部分机动部队开进了比利时，只留下了少量战斗力不强的部队把守"不可逾越的阿登山脉"的各个出口。更糟的是，在马其诺防线末端和英军防线起点的结合部的防御工事还特别薄弱。

丘吉尔在《第二次世界大战回忆录》中讲述了英国在1939年秋季对两条防线结合部缺口的担心，说道："陆军大臣莱斯利·霍尔-贝利沙几次向战时内阁提出这一点……但战时内阁和我们的军事领袖自然不敢批评兵力比我们强大十倍的那些人。"[①]1940年1月，莱斯利·霍尔-贝利沙因自己提出批评而引起的风潮被迫辞职，随后坚持这一看法的人就更少了。英国和法国逐渐滋生出一种盲目的自信。这种盲目的自信非常危险。1月27日，丘吉尔演讲中"希特勒失去最好机会"这一自我安慰的论断，第二天立刻就登上了报纸头条。然而，希特勒的新计划正是在这时趋于成熟的。

---

① 丘吉尔：《第二次世界大战回忆录》，第2卷，第33页。——原注

第 5 章 芬兰战争

The Finnish War

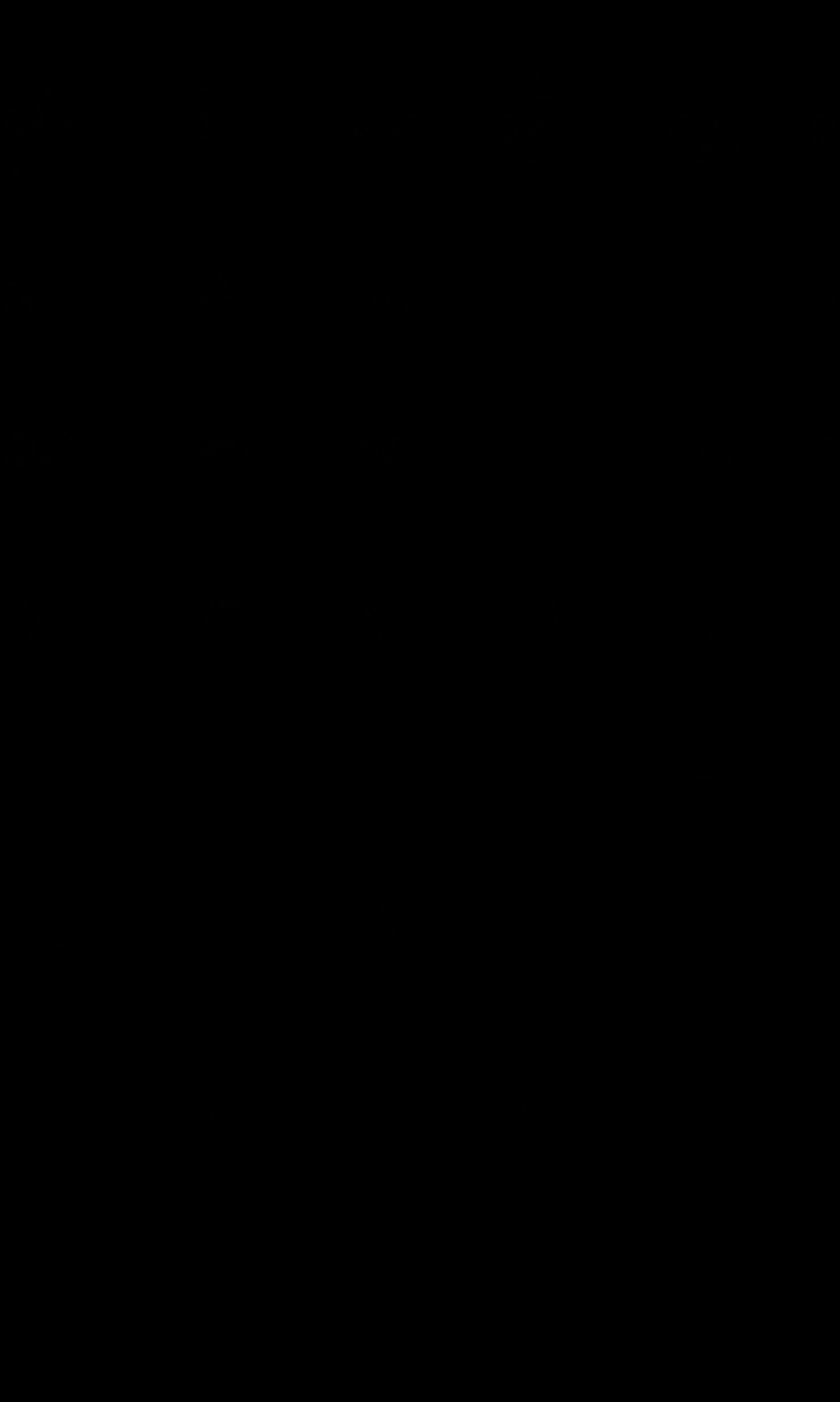

第 5 章　芬兰战争

瓜分波兰后,斯大林便急于确保将来一旦与希特勒翻脸苏联在波罗的海方向的安全。因此,苏联对控制当年沙皇俄国时代用作缓冲地带的波罗的海沿岸便变得刻不容缓。1939年10月9日,苏联和芬兰开始对话;10月10日,苏联同波罗的海三国一一签订协议,允许苏军在它们的关键地区驻防。[①]10月14日,苏联对芬兰提出要求,内容有以下三个方面。

第一,保卫列宁格勒的海路交通。首先"将火炮封锁线部署在芬兰湾两岸,以防敌人军舰或运输载具驶入芬兰湾"。其次,"阻止敌人占领可作为进入列宁格勒的入口的芬兰湾西部、西北部诸岛"。为此芬兰应把霍格兰、谢伊斯卡里、拉万萨阿里、蒂泰斯卡里、洛维斯托交给苏联,苏联用其他领土作为交换。同时,苏联还要租借芬兰汉科港,租期三十年。苏联将在汉科港建设海军基地,安装海岸炮,与对岸帕尔迪斯基基地遥相呼应,全面封锁芬兰湾入口。

---

① 1939年,波罗的海三国尚不是苏联的加盟共和国。波罗的海三国于1940年8月正式加入苏联。——译者注

第二，加强列宁格勒的陆上防御。芬兰让出位于卡累利阿地峡的原有边界，新边界应保证列宁格勒位于重炮射程之外。不过，芬兰仍可以保有完整的"曼纳海姆"防线及其工事。

第三，重勘贝柴摩北端"人为不当划定"的疆界。苏联要求将两国边境线画为一条直线，穿越雷巴奇半岛的狭窄地峡，将雷巴奇半岛西端拦腰截断，企图通过不让敌人在雷巴奇半岛立足，保卫通往摩尔曼斯克的海路。

苏联愿意交出雷波拉和波拉约尔皮作为对以上要求的交换。根据芬兰白皮书记载，在这次交换中，芬兰将让出一千零六十六平方英里①的土地，但可从苏联获得两千一百三十四平方英里土地作为补偿。

客观地讲，苏联提出的条件都是合理的，既加强了苏联在波罗的海沿岸的防卫，又未严重损害芬兰的安全。芬兰的"侵苏跳板"作用将因此被明显削弱，德国借道芬兰攻击苏联的机会将变得渺茫。然而，苏联无法从这些条件中为侵略芬兰得到什么好处：苏联送去的领土可以大大扩充芬兰狭窄不堪的"腰部"的面积。

然而，因为民族感情，芬兰难以答应这些条件。芬兰同意让出除霍格兰外的所有岛屿，但因怕破坏"严守中立"政策而不愿意把汉科港租给苏联。苏联提出购买汉科港，并强调购港交易不会破坏芬兰的中立政策。芬兰拒绝了苏联的条件。苏芬谈判越发激烈，苏联媒体的语气越发咄咄逼人。1939年11月28日，苏联废除了两国于1932年签订的互不侵犯条约。11月30日，苏军开始入

---

① 一平方英里约合二点六平方千米。——译者注

第 5 章　芬兰战争

侵芬兰。

然而，苏军的初次进攻竟然以震惊世界的"受阻"收场：苏军从列宁格勒出发直扑卡累利阿地峡，却被芬军的"曼纳海姆"防线的前部挡住，动弹不得。苏军在拉多加湖附近发起的进攻也没有进展。不过，苏军还是成功切断了位于前线另一端的北冰洋港口小城贝柴摩的交通线，成功阻止了芬兰军队通过该交通线获得援助。

苏军对芬兰领土"腰部"的两头发动了两场更具直接威胁的攻击。在更北面的战场，经过萨拉后渗透到通往波的尼亚湾道路中段的凯米耶尔维时，苏军被芬兰军队用火车从南方调来的一个师击退。苏军往北进至苏奥穆斯萨尔米，但1940年1月被芬兰军队击退。芬兰军队从侧面包围了苏军，将苏军的补给线和退路双双阻断。苏军饥寒交迫。芬兰军队随后发起猛烈的进攻，一举将苏军击溃。

西方把芬兰当作新的被侵略者给予同情，并因看到弱小的芬兰战胜了强大的苏联而备受鼓舞。芬兰的胜利带来了深远的影响：英国与法国考虑派遣一支远征军前往芬兰战场，除了支援芬兰军队，还意图夺取瑞典供应德国的耶利瓦勒铁矿，并趁机在波罗的海方向建立一个足以威胁德国的基地。但这个计划最终还是在芬兰防线崩溃前宣告流产。当然，其中部分原因是挪威、瑞典的反对。英国与法国因此避免了在自身军事力量不足时与苏联和德国同时作战。希特勒察觉到了盟军进入斯堪的纳维亚半岛的威胁，决定抢在盟军前面占领挪威。

芬兰的旗开得胜加剧了人们对苏军的轻视。丘吉尔在1940年

1月20日发表的广播讲话正是对这种轻视的概括。他说芬兰正"告诉世界：苏联红军不会打仗"。在某种程度上，希特勒和丘吉尔的看法相同，这一点几年后便会体现出来。

实际上，经过冷静的分析便会发现，苏军在进攻初期遭遇的失败不是没有客观原因的。从苏军战前的战备状况上看不出它做了任何要调动苏联海量的武器弹药资源，并发动一次强力进攻的迹象。苏联政府明显被自己的情报机关就芬兰局势提供的情报误导了。情报机关根本不认为苏军会受到芬兰军队的激烈抵抗，甚至还以为战争会演变成"苏联支援芬兰民众揭竿而起并对'不得人心'的芬兰政府发起的攻击"。芬兰易守难攻，崎岖的地形导致进攻通道很狭窄，这对守军有利。从地图上看，苏芬边境上的拉多加湖和北冰洋之间的地带看似宽阔，实际上这里湖泊和森林交错。芬兰守军在这里设下陷阱，并与苏军长期对峙。除此之外，苏联在当地的铁路干线只有列宁格勒到摩尔曼斯克一条。这条长达八百英里的铁路干线又只有一条支线通向苏芬边境。芬兰声称的苏军向其国土"腰部"发起的"攻无不破的强大攻势"，实际上每支部队只投入了三个师，另外四个师是用来在拉多加湖北面从侧翼包抄芬兰军队的。

如果苏联要攻打芬兰，拉多加湖和芬兰湾之间的卡累利阿地峡是最好的通道。然而，芬兰军队早有曼纳海姆防线和六个常备师的兵力在此守卫。苏军在北部战场发起的进攻虽然被芬兰军队重挫，但成功达到了把芬兰部分预备部队吸引到这个方向的目的。同时，苏联此时还在做更充分的准备：苏军正准备集结十四个师的兵力大举进攻曼纳海姆防线。1940年2月1日，苏军将领基

第 5 章 芬兰战争

里尔·梅列茨科夫率军攻打曼纳海姆防线。苏军先是炮火准备，然后集中力量攻打苏马一个长十英里的芬兰军队防区。眼见芬兰军队工事被毁，苏军坦克和雪橇步兵立刻出击占领阵地；苏联空军则从天上消灭了芬兰军队的反攻。苏军用持续两个多星期有条不紊的进攻，终于使曼纳海姆防线连成一线，接着又掉头向外攻打两翼的芬兰军队，并朝维堡推进。苏军从维堡后方登陆，沿着冰封的霍格兰岛行军，在冰封的芬兰湾对芬兰军队展开包抄行动。虽然曾在守卫卡累利阿地峡的战斗中精疲力竭的芬兰军队还是在维堡前方顽强抵抗了几个星期，但由于寡不敌众，一旦苏军强行开辟一条进攻通道，芬兰军队落败就成了必然。在当前英法远征军即将出发却尚未到达的情况下，为避免全线崩溃，投降便成了芬兰的唯一出路。

1940年3月6日，芬兰政府派遣代表团前往苏联议和，却得知苏联的谈判"价码"涨了。除了前面的条件，芬兰还要额外割让下列领土：萨拉、库萨谋、包括维堡在内的卡累利阿地峡全境和雷巴奇半岛的芬兰军队占领部分。苏联还要求芬兰从凯米耶尔维修筑一条铁路到当时尚未确定的苏芬边境并与苏联铁路支线相连。3月13日，芬兰代表团宣布接受苏联方面的条件。考虑到苏军于2月12日在苏马取得的大胜，苏联此时提出的条件可以说十分克制。曼纳海姆比大多数政客都实际。他对英国和法国的紧急援助抱有怀疑，力主接受苏联开出的条件。斯大林开出的条件不高，这既是为了展示政治家的风度，也是在面对日趋紧张的苏德局势时，急于结束这场使苏联投入百万大军和大部分飞机、坦克冲突的表现。

若说波兰是闪电战的理想战场，那么芬兰是闪电战的"不理想战场"。1939年到1940年的苏芬战争尤其如此。

从地图上看，波兰是被德国"包围"的，而德国交通运输工具充足的优势又加深了波兰共和国缺乏交通运输工具的窘境。德军选择在秋季干燥的气候下进攻确保了闪击战的万无一失。波兰军队拥有比其他军队更浓厚的进攻传统，但相对更不擅长防御作战。

芬兰的情况则与波兰相反。芬兰国内拥有良好的铁路、公路交通，而苏联前线的交通状况反倒比芬兰差。芬兰在边境上有多条平行于边境线的铁路，可以方便、快速地调遣预备部队，而苏联在当地的铁路干线就只有列宁格勒到摩尔曼斯克一条，而这条干线又只有一条支线通向苏芬边境。除此之外，如果苏军再想发起进攻，就必须先下火车，再徒步行军五十英里至一百五十英里，方可跨过边境线威胁芬兰的战略要地。同时，苏联士兵必须在遍布湖泊和森林的芬兰踩着覆盖厚厚积雪的烂路前进。

苏军的机动性和持久作战能力因交通状况而大打折扣。但苏军希望在交通、后勤状况较好的条件下作战，苏军就必须攻打坚固的"曼纳海姆"防线，强行突破卡累利阿地峡。从地图上看，卡累利阿地峡宽七十英里，但实际上适合进攻的地方很狭窄——宽阔的武克希河先占去地峡的一半，余下的部分森林、湖泊交织，只有苏马一带勉强适合集中一支部队作战。

除了无法在边境集中大部队深入芬兰这一战略问题，苏军还要直面善于使用有利地形固守战术的强敌。苏军沿着森林、湖泊之间狭窄的通道行军，极易遭到芬兰军队机枪火力的袭击。芬兰游击队更是可以利用湖泊、森林从侧面袭击苏军。即便是夏季，

第 5 章　芬兰战争

在北极地区，苏军与善战的芬兰军队作战也是危险重重；而到了冬季，苏联重装纵队就形同一个穿木屐的人，而芬兰军队则仿佛穿着运动鞋。两军开战，苏军发动进攻的难度可想而知。

芬兰陆军元帅曼纳海姆在同苏联摊牌之前将芬兰所有预备部队都集中在芬兰南端。如果这是一种冒险，那么曼纳海姆的战略基本上是合理的，因为芬兰军队完全可以顶住苏军的早期渗透并发动反击。如果把芬兰的地形条件和隆冬季节考虑在内，这种安排就更合理了。

苏军基于错误情报制订的错误方案肯定要失败，但我们不能因此就质疑苏军的战斗力。独裁政权都爱听好话，但哪个政权又不爱听好话呢？我们最好记住，现代错得最离谱的军事计划是法国分别在1914年和1940年制订的。

第 6 章 德军占领挪威

The Overrunning of Norway

第6章　德军占领挪威

德国挥师占领波兰后，欧洲暂时恢复了平静。可惜才过了不到六个月，虚假的"和平"就再次被一道霹雳打破——希特勒并没有把魔爪伸向已经战云密布的西欧大陆，而是伸向了两个位于斯堪的纳维亚半岛平静的北欧国家——挪威和丹麦。

1940年4月9日的新闻报道是这样说的：为阻挡挪威和德国通过商船进行贸易，英国和法国海军舰艇已经在1940年4月8日进入挪威水域并布雷。当时，对这一行动，各报刊都给予积极评论，有的还大肆为英国和法国破坏挪威中立一事辩护。但当天早晨收音机里的新闻已经证明这些报刊上的"好消息"靠不住——德军惊人地在挪威海岸发起多点登陆，并已经进入丹麦境内！

盟国领袖们被德国无视英国占绝对优势的海上军力而发起的大胆登陆行动深深震动。时任英国首相的张伯伦在当天下午对议会下议院的报告中指出，德军已经在挪威西部海岸的卑尔根、特隆赫姆和南部海岸登陆，并且有可能在纳尔维克进行了类似的登陆行动，但他怀疑德军在纳尔维克的登陆消息可能不属实。英国当局也感觉"不可思议"：肯定是相关人员把远在挪威南部海岸的"拉尔维克"（Larvik）错写成了"纳尔维克"（Narvik）——

欧陆争夺：希特勒的狂飙突进

本来德军长途跋涉在北欧登陆就已经十分冒险，希特勒竟然在明知英国向挪威沿海派遣掩护布雷和其他可能军事行动的强大海军力量的情况下"顶风作案"！

1940年4月9日晚些时候，德军事实上已经占领了包括挪威首都奥斯陆及包括纳尔维克在内的挪威各主要港口。德军几路并进，发动的海上进攻也全部取得成功。英国政府很快从"自己人写错"的幻想中清醒过来，但很快陷入了新的幻想之中：时任海军大臣丘吉尔两天后在议会下议院说：

> 我和精明强干的顾问们一致认为希特勒犯了一个严重的战略错误……我认为，近期在斯堪的纳维亚半岛发生的一系列事件其实都是对我们有利的……希特勒将深陷战争泥潭，他现在要在挪威沿海背上一大堆战争包袱。德军在即将到来的夏季都必须和拥有更强的海军实力和投送能力的我军及盟友的军队作战……我也不认为德国在海上能对我们构成什么威胁……我们是占了很大便宜的……实际上，德国自己一怒之下在战略上失误了。①

虽然话说得漂亮，但行动没有跟上。英国的反制行动可以用"缓慢、迟疑、拙劣"来形容。英国海军部在战前看不起飞机等空中装备，战争爆发后又变得小心翼翼。本可以派军舰起决定性作用的干预机会也因怕损失军舰而放弃了。英国远征军的行动

---

① 丘吉尔：《战时演讲集》，第1卷，第169页到第170页。——原注

第6章 德军占领挪威

畏首畏尾。尽管英国远征军为了打退希特勒的德军已经在好几个地方登陆,但还没待两个星期就匆匆登船撤退,留纳尔维克做据点。①1940年5月,希特勒的军队在西欧大举进攻,盟军随之被迫放弃纳尔维克据点。

丘吉尔的话说得太大了。他之所以敢这么说,是因为没看准当时形势,没有看到现代战争形势的变化——特别是空军对海军的影响。

丘吉尔认为,出兵挪威是希特勒在大怒之后一脚踩进的陷阱。这个结论很现实,也很重要。因为战后人们在研究挪威战役时惊讶地发现,肆无忌惮的希特勒其实更希望挪威保持中立。如果不是受了同盟国在挪威采取的敌对行动的刺激,他没有派军入侵挪威的打算。

虽然看着激进的政客们互相影响、制造浩劫,让人们觉得既可悲又可怕,但研究双方的幕后活动的确引人入胜。1939年9月19日,英国迈出了明显的第一步:根据丘吉尔的回忆录记载,丘吉尔曾向英国内阁施压,要"在挪威领海"设置水雷场,从而"阻止挪威借纳尔维克港将瑞典铁矿石输送给德国"。丘吉尔认为这个行动对"瘫痪德国军工而言至关重要"。据他后来给第一海军大臣达德利·庞德的通知显示,"包括外交大臣爱德华·伍德在内的内阁成员看样子都十分赞成这一举措"。

该记载的存在令人很意外:到头来,英国政府既不考虑方式

---

① 盟军远征军曾一度于1940年5月27日在挪威重创德军,还攻占了纳尔维克。但由于西欧战局急剧恶化,远征军又被迫于6月上旬撤离了挪威本土。——译者注

也没估计后果,仅凭丘吉尔的一面之词就赞成了他的建议。根据英国官方海军史记载,英国其实在1918年就考虑过类似方案:

> "大舰队"司令戴维·贝蒂勋爵说官兵们对"以压倒性优势开进一个幅员较小但士气高昂的国家并奴役当地百姓"一事非常反感。挪威人很可能抵抗,抵抗就必然会流血。如此一来,我们也会犯下德国曾在其他地方犯下的罪孽。

这么一看,连水兵都比政客小心多了——或者说1939年9月战幔初开时的英国政府比它在1918年第一次世界大战结束时鲁莽多了。

然而,英国外交部官员抵制丘吉尔的主张,同时告诉内阁,他们希望挪威保持中立。丘吉尔悲伤地将这一场景记录下来:"我争不过外交部关于挪威中立问题的强硬论点,只好继续在所有场合尽力宣扬我自己的主张。"① 讨论这个话题的圈子越来越大,一些赞成丘吉尔主张的观点甚至出现在媒体上。正因如此,德国才狗急跳墙,采取了反制措施。

根据缴获的文件显示,德国大概在1939年10月初就采取了第一步措施。时任德国海军司令的埃里希·雷德尔上将担心挪威可能向英国提供港口,并在递交给希特勒的报告中提及,一旦英国控制挪威的港口,将给德国带来不利后果。他还认为:"若借苏联压力取得挪威沿海地区,例如特隆赫姆之类的基地,将有利于

---

① 丘吉尔:《第二次世界大战回忆录》,第1卷,第483页。——原注

第6章 德军占领挪威

潜艇战的发动。"

希特勒对这个建议置之不理——此时,他正一心计划在西欧发动足以逼迫法国求和的进攻,根本不想为无关的军事行动分散自己手头宝贵的人力、物力。然而,1939年11月底发生的苏芬战争对英国和德国都是极大的刺激。丘吉尔从中看到了借援助芬兰为名攻打德国侧翼的可能性:"我当时很欢迎这个可以帮我们切断德国铁矿石供应的机遇。"①

在一份1939年12月16日的备忘录中,丘吉尔为支持出兵斯堪的纳维亚而摆出了将出兵行动称为"一个强大攻势"的所有论点。丘吉尔承认,出兵可能会迫使希特勒出于自卫而侵略斯堪的纳维亚半岛。但丘吉尔又说:"如果德国真因此而攻打挪威和瑞典,对我们而言,是利大于弊的。"这实际上是置所有因家园沦为战场而受苦的斯堪的纳维亚民众于不顾。但当时英国内阁大部分成员仍为这一举动破坏挪威中立而感到良心不安。他们顶住丘吉尔的雄辩,坚决不立即执行丘吉尔的方案。但英国内阁还是授权参谋长委员会制订一个在通往瑞典的耶利瓦勒铁矿和芬兰的铁路起点城市纳尔维克派遣部队登陆的方案:以援助芬兰为名,行控制瑞典铁矿为实。

1939年12月,来自挪威的贵客、挪威国防部前大臣、挪威国家统一党党首维德昆·吉斯林访问柏林。刚到达柏林,他就向埃里希·雷德尔说英国很快就会进攻挪威,并请求以组织政变、颠覆挪威现政权并建立亲德政权的代价换取德国金钱援助和地下

---

① 丘吉尔:《第二次世界大战回忆录》,第1卷,第489页。——原注

支持。维德昆·吉斯林说，自己已经得到包括纳尔维克地区挪威部队指挥官桑德洛上校等一批挪威军官的支持，一旦自己顺利掌权，就会为德军进入挪威开绿灯，用德军的"保护"阻挡英军进入挪威。

埃里希·雷德尔劝希特勒和维德昆·吉斯林面谈。于是，他们分别在1939年12月16日、18日会面。谈话记录显示，希特勒曾表示，"我更希望挪威和整个斯堪的纳维亚半岛都保持完全中立，不想战场再扩大了。不过，如果敌人想让战火蔓延，我也会采取措施应对威胁"。同时，希特勒保证，后续会具体研究军事援助挪威的问题。

据德国海军参谋部的战争日志显示，会面结束后近一个月，即1940年1月13日，德国海军参谋部仍然认为，尽管"英国可能会得到挪威政府的默许，派遣军队进入挪威"，但"保持挪威中立还是上策"。

这时"山那边"正发生什么呢？1940年1月15日，法军总司令甘末林上书法国总理爱德华·达拉第，力陈在斯堪的纳维亚半岛开辟新战场的重要性。甘末林甚至做出一个让盟军部队在芬兰北部的贝柴摩地区登陆的方案。为防万一，他还计划"占领挪威西海岸沿线所有港口和机场"。此外，甘末林进一步提出了"将瑞典也扩展为战场的一部分，并夺取耶利瓦勒铁矿"的可能性。

在一次广播讲话中，丘吉尔提出"中立国也有义务加入反希特勒战争"的观点，这自然引起了德国的恐惧：同盟国即将行动

第6章 德军占领挪威

了吗?"肯定"的暗示已经多得不胜枚举了!①

1940年1月27日,希特勒指示军事顾问开始制订在有必要出兵时全面侵略挪威的计划。德国为此专门成立了一个参谋部门,并在2月5日召开了第一次相关会议。

同天,同盟国最高军事会议在巴黎召开。时任英国首相的张伯伦携丘吉尔一同参会。会议批准了以下计划:成立一支由两个英国师和人数稍少的法国特遣队组成的援芬部队。同时,为了尽量避免和苏联正面冲突,援芬部队要打着"志愿军"的旗号。会议就"志愿军"的行军路线进行了一番争论:张伯伦强调在贝柴摩登陆困难重重,在纳尔维克登陆则不然,还便于"控制耶利瓦勒铁矿"。英国把耶利瓦勒铁矿作为主要目标,实际只派出了很少的部队援助芬兰。这项提议最终获胜,援芬部队出征的日期随之定在1940年3月。

1940年2月16日,坏事发生了。德国用于从南大西洋运载英国战俘的"阿尔特马克"号遭到英国驱逐舰追击,一头扎进挪威峡湾避难。丘吉尔直接命令英国军舰"哥萨克"号舰长菲利普·路易·维安派出水兵登上"阿尔特马克"号解救人质。事发海域附近有两艘挪威炮艇,但它们因畏惧英国海军的实力而不敢动弹。之

---

① 1940年1月20日,丘吉尔在一次广播讲话中大谈盟国海军的海上胜利,并且将中立国舰船遭到德国U艇攻击损失惨重而盟国船舶在护航舰队保护下安然无恙的情况做了对比。但在继续叙述一番后,他便问道:"如果所有中立国家都和国际联盟,和英国、法国站在一起,共同反抗德国侵略,那将是一番怎样的场面呢?"(丘吉尔:《第二次世界大战回忆录》,第1卷,第137页)这个建议引起了骚动:比利时、荷兰、丹麦、挪威和瑞典媒体都急忙公开表示拒绝,伦敦则有点儿回到绥靖政策年代的味道,宣布广播讲话代表的只是丘吉尔个人见解而已。——原注

后，挪威政府向英国政府就此事提出了抗议，遭到英国政府驳斥。

希特勒认为挪威政府这番抗议是在装模作样，挪威政府其实已经倒向了英国一边：两艘炮艇无动于衷，维德昆·吉斯林又打小报告说"哥萨克"号的行动是"早有准备"的。据德国海军将领说，"阿尔特马克"号事件对希特勒下定入侵挪威的决心起了决定性作用——引爆北欧战事的火花已被擦燃。

德国观察员从挪威发回情报，维德昆·吉斯林政党夺权的努力"进展缓慢"；同时，从英国发回的情报又显示对手集结了部队和运输船，可能会在挪威某处有所行动——坐等维德昆·吉斯林有所作为看来是靠不住了，德国必须尽快行动起来。

1940年2月20日，希特勒任命德国将军尼古劳斯·冯·法尔肯霍斯特为司令，叫他立刻着手准备远征挪威。希特勒说："有人告诉我英国人要在挪威登陆了，但我想在英国人之前登陆。一旦英国人赶在我们前面，那对我们将是不利的——英国人将转而向我们没法设防的波罗的海地区进军。如此一来，就等于让他们找到了一个既可以打断两条战线主心骨又可以直击柏林的最好位置。"

1940年3月1日，希特勒下令做好全面入侵北欧的准备——考虑到战略跳板和保障运输线的必要，他把丹麦也作为自己的目标之一。

但即便到了这一步，仗也不是非打不可的。埃里希·雷德尔和希特勒的会谈记录显示，希特勒仍在"挪威中立对德国最好"和"英国人就快在挪威登陆"之间游移不定：1940年3月9日提出在挪威进行海战的计划时，希特勒一面说"打一场违背所有海战原则的仗是要冒很大风险的"，一面又说"非要在挪威这么做也

第6章 德军占领挪威

不是不可以"。

接下来的一个星期,德国显得更加急不可耐,因为1940年3月13日,德国获得的情报显示英国潜艇正在挪威南部外海集中。随后的3月14日,德国又截获英国电讯,该电讯称同盟国运输船即将出发。3月15日,一支法国部队出现在卑尔根。据此,德国人认为自己肯定要落于人后,等德国远征军到达挪威后,或许会在做好战斗准备前就被英军和法军赶走。

然而,同盟国的实际情况到底如何呢?1940年2月21日,法国总理爱德华·达拉第敦促应以"阿尔特马克"号事件为借口发动突袭,立刻占领挪威的港口。爱德华·达拉第说:"越快这么干,我们就越能赶在人们淡忘'阿尔特马克'号事件之前利用这一事件大做文章,让挪威无法独善其身。这样一来,世界舆论就更能接受我们的做法。"这跟希特勒的作风惊人地相似。但爱德华·达拉第的提议在英国引发了一片怀疑之声,因为当时远征军还没有做好出击准备。而张伯伦也确实更希望先得到挪威、瑞典的同意,师出有名后再出兵。

然而,在1940年3月8日的战时内阁会议上,温斯顿·丘吉尔提出了一个计划:远征军直扑纳尔维克沿海,但只派一支小规模特遣队登陆,通过"秀肌肉"的方式威慑德军,避免冲突真正发生。3月12日,战时内阁决定"重启原计划",即除纳尔维克以外,还要在特隆赫姆、斯塔万格和卑尔根登陆。

远征军一旦在纳尔维克登陆,就要迅速向挪威内陆地区推进,一举跨过瑞典边境,并直取耶利瓦勒铁矿。一切战备工作必须在1940年3月20日就绪,以便计划顺利执行。

然而，芬兰被苏联打垮，并于1940年3月13日向苏联投降。突然出现的变数使同盟国就此失去了开进挪威的主要借口。英国第一反应就是将原来计划派去挪威的两个师先送到法国，仍留下大约一个师的兵力待命。接踵而来的是爱德华·达拉第内阁倒台，保罗·雷诺担任法国总理。保罗·雷诺主张采取更具进攻性的措施和更雷厉风行的行动对付德国。保罗·雷诺于3月28日赴伦敦参加同盟国最高军事会议。他决心向各方施压，敦促各方尽快落实丘吉尔派兵进入挪威的计划。

但就目前形势而言，催促是多余的——如丘吉尔所言，张伯伦就如同1939年春季宣布要帮助波兰人时一样，"大有要在当下采取某种侵略性行动的意思"——他是那种一旦下定决心，便会全力以赴的人。张伯伦在致开幕词时不但力推在挪威采取行动，而且主张采取丘吉尔很喜欢的另一个军事计划——往莱茵河等德国河流中空投水雷。保罗·雷诺赞成在挪威采取行动，但对在德国空投水雷的军事行动有所顾虑，表示"要征得法国军事委员会的同意"后方可表态。

同盟国决定于1940年4月5日执行在挪威海域布雷的任务，并以此作为对纳尔维克、特隆赫姆、斯塔万格和卑尔根等地的远征军登陆作战行动的支援。第一支特遣队要在4月8日出发赶赴纳尔维克，但其出发的日期后来被推迟了。法国军事委员会因担心德国报复而否决了在莱茵河上空空投水雷的提议。但法国对即将落到挪威头上的"报复"并不那么关心——甘末林将军甚至强调这个作战方案的目的之一正是"诱使德国踏入登陆挪威的陷阱"。不过，张伯伦还是想两个计划都实施。他和丘吉尔商量后，决定

第6章 德军占领挪威

让丘吉尔于4月4日赶赴法国,游说法国当局接受莱茵河布雷计划。然而,最终并没有成功。

这就意味着出兵挪威的"威尔弗雷德行动"要暂时推迟一段时间。奇怪的是,丘吉尔竟对此表示赞同。这是因为在前一天的战时内阁会议上陆军部和外交部都送来大批德国运兵船集结在最靠近挪威的一些港口的消息。荒唐的是,有人竟相信德军正等着要给登陆挪威的英国部队迎头痛击。

英国出兵挪威的计划推迟了三天,改在1940年4月8日执行。如此一来,德军得到了先盟军一步进入挪威的机会,盟军行动成功的可能性也因延期而大打折扣。

1940年4月1日,希特勒终于下定决心在4月9日5时15分入侵丹麦、挪威。他之所以做如此决定,是因为他收到报告说挪威的防空炮和海岸炮台已经得到了不经请示便可开火的授权,这意味着挪威军队已经在准备打仗了,如果德军再不赶快行动,袭击就会丧失突然性,更不用指望成功了。

1940年4月9日凌晨,德军先遣部队搭乘军舰摸黑潜到挪威南起奥斯陆北至纳尔维克的各主要港口,没费多大力气就将这些港口一一占领。德军指挥官向挪威各个地方政府宣布,这次军事行动是为了保护挪威免遭同盟国迫在眉睫的入侵。同盟国发言人当然对此一再否认。

战时内阁成员莫里斯·帕斯卡·汉基的回忆是这样的:

……(对于入侵挪威一事)英国和德国的规划和准备的时间其实相差无几,实际上英国略早一些……双方几乎

同时开始执行各自的计划。如果"侵略"一词对双方都适用，则英国实际上比德国早二十四个小时。

但德国的"最后冲刺"坚决果断，因此还是在最后一刻"险胜"了英国。

在纽伦堡审判中，一项最有争议的起诉就是将"侵略挪威"的策划和执行列为德国的主要罪状之一。这种因自己贻误战机而造成的"损失"竟然可以成为战败国的"罪状"，检察官想必是花了大力气才最终判决这项罪名成立的。而英法政府至此也可以说是丢尽了脸——这大概是有史以来最虚伪的判决之一吧！

现在我们回头重新看看战役经过。德军投入占领挪威首都奥斯陆和重要港口的兵力少得出奇，仅由两艘战列巡洋舰、一艘袖珍战列舰、七艘巡洋舰、十四艘驱逐舰、二十八艘U艇与各类辅助舰艇，以及三个师的先遣部队大约一万名士兵组成。德军在每处先期登陆点投入的兵力都没有超过两千人。德军还派出一个伞兵营分别占领了位于奥斯陆和斯塔万格的机场——这是军事史上第一次实战使用伞兵，取得了巨大成功。但最大的功臣还是德国空军。它投入了约八百架作战飞机和两百五十架运输机的航空力量。德国空军参战带来了一举两得的效果：不仅在最初的战斗中成功震慑了挪威军民，后来又使盟军的反制行动瘫痪了。

为什么强大的英国海军没能成功拦截载有德国登陆部队、实力弱小得多的德国海军呢？当地广阔的洋面、挪威海岸崎岖的地形和恶劣的气候都成了英国海军发挥优势的重大障碍。不过，英国海军如果能成功克服一些本可以克服的障碍，也就不会落得如

第6章 德军占领挪威

此被动。根据甘末林的记载，1940年4月2日，他催促英军总参谋长威廉·艾恩赛德火速派远征军参战。威廉·艾恩赛德回答说："在英国，海军部是主宰一切的。海军部能把一切事情安排得井井有条，它相信靠自己足以在挪威西海岸的任何地方阻挡德军的登陆行动。"

1940年4月7日13时25分，英国飞机发现"一支声势浩大的德国海军舰队正迅速北移"，跨过斯卡格拉克海峡，朝挪威海域驶去。丘吉尔当时说，"哥本哈根传来消息，希特勒想夺取纳尔维克港"，"当时海军部都不相信这支舰队要去纳尔维克"。英国本土舰队于4月7日19时30分从斯卡帕湾出发，但当时海军部上下似乎一心只想俘获德军的战列巡洋舰。海军部对德军将在挪威展开登陆作战这一可能视而不见。因此，英国海军没有刻意拦截其他运载士兵的德军小型军舰。

既然此时一支英国远征部队已经登船整装待发，为何还要如此拖延，放任德国人抢先登陆挪威的港口呢？答案其实在上一段已经提过了。英国海军部一听说德国战列巡洋舰来了，马上给驻守罗赛斯的英国巡洋舰舰队下达了命令："船上搭载的部队即使不带装备也要赶快上岸，巡洋舰立即出海和已经在海上的舰队会合。"搭载登陆部队并驻守克莱德湾的英国舰队也收到了类似的命令。

为什么挪威军队在对抗德国小股入侵部队的作战中难有作为？因为当时挪威军队还没有被动员起来。尽管挪威驻德国公使和挪威军队总参谋长曾多次就德军入侵的问题警告、催促挪威政府，但总动员令还是迟至1940年4月8日夜间才发布。可惜一切为

085

时已晚,距离德军入侵只有几个小时了。况且德军快节奏的入侵行动更是把挪威军队打得方寸大乱。

此外,如丘吉尔所言,当时的挪威政府"更关注英国人做了什么"。在距离德军入侵只有不到二十四小时的紧要关头,挪威人不去想怎么抵抗德军入侵,却被在自己领海布雷的英国海军吸引了注意力,这真是让人觉得既可悲又好笑。

因为缺乏经验、编制落后,挪威军队在战争初期就吃了德军的亏,后来更是因此白白断送了重整旗鼓的机会。德国入侵者穿过深谷迅速扫荡了整个挪威,而当时的挪威军队连小规模的闪电战都应付不了。如果挪威军队的抵抗能再顽强一些,把德军拖在山谷中并一直坚持到夏天,德军侧翼迂回包抄的机动能力就会被融化的冰雪限制,德军取胜的可能性就会小很多。

战争初期,在德军对挪威发起的一系列进攻中,尤以纳尔维克战役最引人注目。因为德军要从德国海军基地出发,长途奔袭一千两百英里才能到达位于挪威北部的目的地。两艘挪威近海防御舰挺身而出,与德国驱逐舰交战,但很快被击沉。[①]因为内部有叛徒(更因为无能),挪威岸防部队未经抵抗便自行瓦解。1940年4月9日,英军一支小型驱逐舰队开进海湾,与德国海军舰队碰面后陷入激战。双方各有损失。[②]1940年4月13日,英国海军"厌战"号

[①] 挪威海军的"艾得斯伏尔德"号和"诺奇"号近海防御舰都是老式铁甲舰,被德国驱逐舰用鱼雷击沉。——译者注

[②] 德国海军共十艘驱逐舰(另有三艘运输船和两艘油船)。最初迎战的英国第二驱逐舰队有五艘H级驱逐舰。英军在第一次交锋中付出了驱逐舰两沉三伤的代价,但取得了击沉两艘驱逐舰,击伤四艘驱逐舰,击沉油船、运输船各一艘,俘获运输船一艘的战绩。——译者注

第6章 德军占领挪威

战列舰率领另一支小型舰队赶来驰援①,将德国海军驱逐舰舰队彻底歼灭——但此时德国陆军部队已经在纳尔维克站稳了脚跟。

德国军舰顶着挪威岸防炮的攻击,一举攻占了位于较南部的特隆赫姆——这次成功的冒险狠狠地打了经过讨论觉得计划行不通的盟军专家的脸。虽然德国控制了通往挪威中部的战略要道,但占领挪威的德军兵力不足,并且德军主力很难从南面提供支援。

在卑尔根,挪威的炮兵和战舰给德军造成了一定程度的伤亡。不过,在德军冲滩登陆后,战局大为好转。

然而,攻打奥斯陆的德军却遇到了严重挫折。挪威的奥斯卡堡要塞发射的鱼雷击沉了搭载多名军事主官的"布吕歇尔"号重巡洋舰,德军遂放弃强攻奥斯陆。1940年4月9日下午,德军改用空袭,挪威守军抵挡不住便投降了。降落在福内布的德国空降兵接管了挪威首都奥斯陆。他们在城内列队行军。这种气势起到了很好的震慑作用,但也给了挪威国王哈康七世和政府向北逃跑并继续抵抗的机会。

德国原本将占领丹麦首都哥本哈根与占领奥斯陆的时间定为同一时间。1940年4月9日5时,德军飞机掩护三艘小型运输船冲向丹麦港。德军没遭到抵抗,派出一个营的士兵突袭并占领了丹麦兵营。德军同时向日德兰地区的丹麦边境进犯,丹麦士兵稍稍抵抗就放弃了阵地。德国占领了丹麦,获得了一条连接本国港口和

---

① 这支英国支援舰队包括一艘战列舰、一艘航母和另外九艘驱逐舰。它们将德国海军舰队团团包围,尽数歼灭。航母的舰载机在作战中击沉德国U-64潜艇,开创了战争史上航母反潜的先河。英国海军仅有三艘驱逐舰被击伤。——译者注

挪威南部港口的海上安全走廊和用于支援地面部队作战的前进机场。丹麦禁不起现代化武器的蹂躏，即便其军队有心放手一搏，最终也无力回天。

如果挪威军队的抵抗能更坚决果断，或许能在当天早上就收复被德军占领的两个战略要地。因为当时英国海军将领查尔斯·福布斯指挥的英军舰队就在卑尔根附近。查尔斯·福布斯也很想派遣舰队打击德军。当时，海军部支持查尔斯·福布斯"打一仗"的想法，并建议要对特隆赫姆发动一次相似的攻势。但后来海军部又决定，等追踪到德国战列巡洋舰再进攻特隆赫姆。英军原本派出四艘巡洋舰和七艘驱逐舰前往卑尔根，然而，当海军部收到消息——当地有两艘而不是原来报告的"一艘"德国战列巡洋舰时，立刻就"打起十二分精神"，并取消了进攻。

动摇德军在挪威建立据点的最好办法就是切断增援部队和运输补给的交通线——这意味着必须切断丹麦、挪威两国之间的斯卡格拉克海峡。但后来英国海军部明显畏惧德国空袭，不愿派遣除潜艇外的一兵一卒进入斯卡格拉克海峡。英国海军部的小心谨慎表明其重视制空权对制海权可能产生的影响。但这也表明丘吉尔试图将战火引至斯堪的纳维亚半岛是缺乏眼力的——除非完全堵住德军的增援路线，否则德军就会源源不断地在挪威南部集结兵力，化劣势为优势。

如果挪威军队能坚守两条从奥斯陆向北方延伸的长长的山地峡道，并在第一时间打败特隆赫姆的德军，那么守住挪威中部是完全有希望的——这也是当时英国全力希望实现的目标。为了准备进攻特隆赫姆的行动，在德军入侵一周后，英军在特隆赫姆以

第6章 德军占领挪威

北的纳姆索斯和以南的翁达尔斯内斯登陆。

然而,在这之后,一连串不幸的事相继发生了:怀揣新思想的干将霍特布拉克被任命为部队指挥官。午夜时分,听完任务简报后,他离开海军部回去,却旧病复发,被人发现晕倒在约克公爵胡同。次日,霍特布拉克的继任者乘飞机前往斯卡帕湾。飞机在机场上空盘旋时不幸失事。

同时,参谋长委员会和海军部的看法突然改变了:它们先是在1940年4月17日批准了英军的作战计划,第二天又因不愿意冒风险而否定了这个计划。丘吉尔希望英军能集中力量攻打纳尔维克,但他受不了参谋长委员会和海军部反复无常的态度。

现在英国参谋长委员会反倒建议应增援在纳姆索斯和翁达尔斯内斯的英军登陆部队,并钳制特隆赫姆的德国军队。如果只看双方兵力纸面数据,那么英军成功的概率很大:德军兵力只有不到两千人,盟军却有一万三千人。但盟军也面对长途行军和大雪阻碍的问题,其克服这些困难的能力也不如德军强大。德军在一艘驱逐舰的掩护下于特隆赫姆峡湾顶部附近登陆,从后方发起袭击,破坏了盟军从南边攻打纳姆索斯的计划。德军击溃了挪威军队,并沿着居德布兰河河谷杀来。这样一来,盟军从翁达尔斯内斯派出的攻击部队非但不能从特隆赫姆北进,反倒遭遇德军,被迫就地打起了防御战。德军空袭对盟军地面部队构成了严重威胁,而盟军又无法调遣足够的空中力量支援。因此,盟军地面指挥官建议撤退。于是,盟军两支登陆部队在1940年5月1日、2日重新登船。德国最终控制了挪威中部和南部。

盟军已经不敢再想如何占领瑞典的铁矿,仍集中力量攻打纳

尔维克也只是为了不丢脸。英军最初在1940年4月14日登陆，尽管负责这一地区联合指挥的海军上将柯克-奥里勋爵一再催促，但皮尔斯·约瑟夫·麦克西将军的畏首畏尾还是让盟军失去了攻击纳尔维克速胜的机会——后来，上岸的盟军部队已有两万多人，但他还是不愿意加快进军速度。与此同时，原奥地利两千名阿尔卑斯山地部队在老练的爱德华·迪特尔将军的指挥下和德国驱逐舰上两千名水手的支援下，利用一切有利地形条件，死守不退，一直坚持到5月27日。

此时，德军在西欧已经长驱直入，法国已经被逼到了崩溃的边缘。为救后院之火，盟军不得不在1940年6月7日放弃纳尔维克——挪威国王哈康七世及其政府也一起逃离挪威。

在斯堪的纳维亚半岛战役（即挪威战役）的处理上，西方盟国政府看似张牙舞爪，实际上毫无时间观念——这导致挪威民众从此深陷战争的苦难之中。相比之下，希特勒一旦下定决心就不会再像其他西方国家一样浪费时间。而德军大胆勇猛的行动在关键时刻也弥补了其人数的劣势，帮助希特勒赢得了挪威战役的胜利。

第 7 章 德军横扫西欧诸国

The Overrunning of the West

第 7 章　德军横扫西欧诸国

希特勒的军队在1940年5月10日不但完成了突破西欧军队防线的任务，而且改写了世界局势和人类未来的轨迹。决定性一幕的到来是在5月13日——这时，古德里安的装甲军刚刚从色当渡过了马斯河。

1940年5月10日还发生了另一件大事：精力充沛的丘吉尔取代张伯伦成为英国新任首相。

德军在色当打开的小突破口很快就扩展成一个巨大的缺口。从这里鱼贯而入的德国坦克一个星期之内就抵达了西欧大陆的英吉利海峡沿岸，就此切断了在比利时境内的盟军部队的退路。随后，法国沦陷，英国因此孤立无援。虽然英国凭借海峡天险得以喘息，但危险还要等到欧洲战火真正蔓延到全世界后才算真正解除。虽然美国和苏联联手推翻了希特勒政权，但欧洲被战争搞得疲惫不堪。在经历过1940年夏季战争的浩劫后，大多数人认为当时的德军是挡不住的，法军防线最后也是守不住的。但实际上，人们的所想与事实完全不一样。

当时，德国陆军军官对进攻几乎没有信心——他们迫于希特勒的压力才不情愿发动攻势。即便是希特勒本人，也曾在关键时

刻失去信心,还因此下达了让当时刚刚率领先头部队突破法军防线的古德里安"停止进攻两天"的命令。要是法军当时利用好这个喘息之机,就能反过来给德军致命一击。

不过,这其中最大的一件怪事莫过于古德里安的上级竟因不愿意让他进一步扩大突破口而把他从先头部队指挥官的位置上暂时撤下来。如果古德里安不是"抗命"让其部队快速推进,德军的进攻可能就失败了,世界局势将会大不一样。

人们常说当时的德军占了压倒性优势,但其实"名不副实"。虽然德军在空军实力上确实占优势,但德军的进攻兵力比盟军少。即便德国的坦克进攻确实是制胜的关键,但当时的德国坦克数量也比盟军少,性能还劣于盟军。

此外,德军实际上在一百三十五个师全部投入战场前就已经拿下了"决胜局"——那时德军除了空中力量,只在战场上投入了十个装甲师、一个伞兵师和一个空运师。

投入战场的德国新式部队起到了迷惑效果:人们既没有看清德国参战兵力并不多,也没有看清德国实际上只是险胜。其实,德军原本是很难打赢的,但德军成功抓住了当时被过时的军事思想蒙蔽的盟军犯下的大错。再加上一系列的机缘巧合,以及古德里安本人对这些优势的利用,德国最终才获得了胜利。

法国战役可以作为历史上由最有活力的实干者推行新方法并取得决定性成功的最好范例。古德里安曾回忆过战前他的想象力是如何被"以独立的装甲部队进行纵深战略突进"的点子激发的,即要求坦克部队长距离奔袭以切断对手后方的交通"大动脉"。古德里安是一个坦克迷。他发现了这个自第一次世界大战

第7章 德军横扫西欧诸国

后源于英国的新军事思想浪潮包含的巨大潜力——当时英国皇家坦克军尚处于初创阶段。与当时的英国和法国一样,德国的高级将领也怀疑这种新战术在战争中是否可行。但战争爆发后,古德里安不顾上级的疑虑执行了这种战术——正如人类在历史上成功应用马匹、长矛、方阵、机动部队、"斜形序列"[①]、骑射兵、长弓、火枪、火炮和将部队编成单独的师级单位等一系列"新"武器、"新"战术一样,起到了立竿见影的奇效。

德军在西欧的作战首先是在攻打战线右侧的中立国比利时、荷兰的各战略要地获得成功的。德军动用空降部队打头阵,吸引盟军注意力,使盟军在几天之内只顾堵截德国空降部队,而无暇顾及德军真正的战略意图——德军实际上是要穿过阿登山脉的密林,剑指法国心脏地带。

1940年5月10日凌晨,荷兰中央政府所在地海牙和交通运输中心鹿特丹同时遭遇德军空降部队攻击。同时,德军在这些城市以东一百英里的荷兰边境地区发动了攻击。荷兰的前线与后方同时遭袭,直接引发了骚乱。而德国空军从四面八方逼近的威胁更令局势每况愈下。此时,德军装甲部队趁乱利用南侧的一个缺口从赶来增援荷兰军队的法国第七集团军眼皮子底下溜走,在入侵开始后的第三天与空降部队在鹿特丹会师。由于荷兰人口密集的城市都笼罩在德军近距离空袭的阴影下,荷兰政府在德军开始进攻的第五天就投降了。

[①] 斜形序列是一种经典步兵战战术。普鲁士国王腓特烈大帝最擅长使用斜形序列战术,他将这种战术的特点总结为"面对敌人时先缩回己方一翼,然后增强准备进攻的另一翼,并从敌人侧翼发起攻击"。——译者注

德军比当地守军的人数要少得多。不仅如此,德军的主攻力量只有一个当时唯一可用的第九装甲师。德国第九装甲师在空降部队的配合下渡过多条易守难攻的河流,顺利完成了任务。

即便这支部队的规模很小,却斩获了巨大的战果。德国在1940年5月仅有四千五百名训练有素的伞兵,而在荷兰一战就投入了四千人。德国伞兵被编为五个营,另有一个以运输机作为交通载具、由一万两千人组成的轻装步兵师作为后援。

德国空降部队司令库尔特·斯图登特一语道出了德国作战计划的要点:

> 我军兵力有限,只能集中力量先占领两个看上去对入侵成功最具必要性的战略要地。我指挥部队的主要目标是,在荷兰动手炸毁前,占领荷兰南部公路在鹿特丹、多德雷赫特和穆尔代克跨越莱茵河三角洲各条水道上的桥梁,并坚守到我军地面机动部队到来。我的部队由四个伞兵营和一个由三个营组成的空运团组成。我的部队以一百八十人伤亡的代价完成了任务——我们不敢输,因为一旦失败,整个进攻行动就失败了。①

在行动中,库尔特·斯图登特的头部受伤,八个月都没能重返战场。

德军对荷兰海牙也发起了攻击,目的是尽量抓捕荷兰政府首

---

① 巴兹尔·利德尔·哈特:《山那边》,第160页到第161页。——原注

第 7 章　德军横扫西欧诸国

脑及各部长官，一举使荷兰的国家机器失灵。德国将军施波内克指挥一个伞兵营和两个空运团作为进攻兵力。尽管后来德军的进攻被击退，但还是在荷兰造成了不小的混乱。

德军入侵比利时之初也是惊心动魄：德国瓦尔特·冯·赖歇瑙指挥包括埃里希·霍普纳的第十六装甲军在内的实力强大的第六集团军负责进攻。然而，瓦尔特·冯·赖歇瑙若想把部队顺利展开，就必须跨过盟军的坚固防线。此时，德国剩余的五百名伞兵都被作为后援调来，占领了比利时阿尔贝特运河上的两座桥梁和沿河一侧比利时现代化要塞——埃本-埃美尔要塞。

然而，这支小小的特遣队同样左右了战局进程。因为要到达比利时边境就必须先走荷兰南面突出的"马斯特里赫特盲肠地带"。若德军试图穿越荷兰边境，驻守在边境阿尔贝特运河附近的比利时军队就会立刻收到警报，然后比利时军队就会在入侵者试图穿越十五英里的狭长地带前就把桥炸掉。为保证桥梁不被事先破坏，德军不得不采用新的也是唯一的战术：让伞兵趁夜悄无声息地空降偷袭。

根据当时的报道，德军在比利时几十个地方空降，兵力多达上千人——这绝对是与事实不符的。库尔特·斯图登特将军说，当时为了掩盖伞兵数量的不足，也为了尽量制造混乱，德国在比利时空投了大量"假伞兵"[①]。这也难怪人们一味夸大入侵德军的数量了——他们都中了德国人的诡计！

库尔特·斯图登特这样回忆道：

---

① 即伞兵模型。——译者注

欧陆争夺：希特勒的狂飙突进

如此偷袭阿尔贝特运河是希特勒个人的建议——或许是这个多谋的人最独到的一个点子。他约见我并谈了这个点子，问我怎么想。我一肯定这么干获得成功的可能性，他就叫我做好行动准备。我动用了当时由瓦尔特·科赫上尉指挥的仅有的五百名伞兵。第六集团军司令瓦尔特·冯·赖歇瑙、参谋长弗里德里希·保卢斯都是悍将，但他们对我们的行动并没有信心。

鲁道夫·维齐希中尉指挥一支由七十八名伞降工兵组成的"利里普特"①式特遣队（后来六人在行动中丧生），负责突袭埃本-埃美尔要塞。伞兵小分队在埃本-埃美尔要塞着陆，突袭要塞并消灭了要塞的防空部队，同时使用一种此前对外保密的新型烈性炸药炸毁了要塞的炮塔和掩体……新式炸药是通过新式货运滑翔机悄悄送到目的地的。没有这种炸药，偷袭埃本-埃美尔要塞就是不可能完成的任务。②

比利时要塞设计精良，足以应对各种威胁，唯独应对不了德国伞兵这种来自头顶的"垂直打击"。鲁道夫·维齐希中尉率部一直据守在要塞顶部，直到德国地面部队赶到为止，此时已经将一支一千两百人的比利时部队挡在要塞外二十四小时了。

---

① "利里普特"是英国作家乔纳森·斯威夫特所著小说《格列佛游记》中的"小人国"。库尔特·斯图登特使用这个词，一方面指德国伞兵部队的规模很小，另一方面为了表示与坚固的比利时要塞相比，攻破这一要塞的德军兵力规模是十分微不足道的。——译者注
② 巴兹尔·利德尔·哈特：《山那边》，第163页到第164页。——原注

第7章　德军横扫西欧诸国

由比利时部队把守的两座大桥也被德军以类似的方式占领。比利时守军甚至已经点燃了引爆其中一座桥的炸药的引线——可惜德国伞兵从一架着陆的滑翔机中悄悄尾随比利时守军进入堡垒，在千钧一发之际把导火线熄灭了！

值得注意的是，除了德军发动突袭的两处，比利时守军按计划炸毁了所有的桥梁——因为突袭是否成功完全取决于时间，所以这体现出德国的成功真的是千钧一发的"险胜"。

第二天早上，德军大部队源源不断地渡过阿尔贝特运河，突破了比利时军队后方的薄弱防线。紧接着，埃里希·霍普纳的第三装甲师和第四装甲师沿着未被破坏的桥梁过河，抵达对岸的平原后立刻将队形散开。他的部队横冲直撞，打得比利时军队仓皇逃窜——而此时来增援比利时的英军和法军才刚刚赶到。

德军在比利时的突破并不是奠定其西线胜利的决定性一战，却对德军的最后战果产生了重大影响。德军不仅成功误导盟军在错误的地方布防，还成功把盟军机动能力最强的部队"吸"在了比利时，让它们无法前往南方尚未完工的马其诺防线西端，而德军恰恰在1940年5月13日突然对法军防线的软肋发动了攻击。伦德施泰特指挥的A集团军群的机械化先头部队此时正越过卢森堡和比利时的卢森堡省，向法国挺进。德军越过阿登山脉一段长达七十英里的地区，击退了微弱的抵抗，在发动进攻的第四天跨过了法国边境，一路杀到马斯河河畔。

德军派遣大规模坦克和摩托化兵力穿越交通如此困难的阿登一带的尝试不能不说是一种冒险。多年来，传统战略家都认为一支大规模的进攻部队"翻不过"这片崎岖的山区，更别说是机械

化作战了。未曾想这些传统战略家的"断言"却起到了让德国攻势更加出其不意的效果。阿登山脉的层层密林也为德军兵力的集结和挺进提供了掩护。

其实,希特勒取胜的最大"功臣"还是法国最高统帅部。法军在阿登山脉的溃败完全是法国人自己的计划失误导致的——因为这和被曼施坦因修改过的德国军事计划如出一辙。常人都觉得法国之所以失败是因为它采取守势或固守"马其诺防线情结",但法军实际上是败在自己军事计划中的进攻策略。同1913年提出的"17号计划"[①]一样,法军从战场左侧开进比利时其实是自投罗网。而这次由于德军行军大量使用车辆搭载而不是靠徒步,比第一次世界大战时更加机动化,因此更具危险性。而由法军三个集团军和英军一个集团军组成的机动部队却从法国和比利时王国边界的左侧向北推进,这给法国带来了更严重的"惩罚"。

盟军每往比利时王国境内深入一步,其后方对穿过阿登山脉从侧翼猛攻的伦德施泰特A集团军群就多暴露一分。更糟糕的是,盟军守卫交通枢纽的部队是一些由"高龄"士兵组成、缺乏反坦克炮和防空炮等重装备的低配法国师——疏于防备是甘末林和阿方斯·约瑟夫·乔治领导的法国最高统帅部犯下的最严重的错误!

德军翻越阿登山脉进攻是个巧计,也是参谋工作的非凡杰

---

① 普法战争后,法国一直想重新夺回被德国占领的阿尔萨斯和洛林,于是便产生了这个在1913年被法国采用的计划:该计划打算以四个军的兵力从南北两路进攻德国。由于法国深信比利时等低地国家会慑于英国"关照"而不敢为德国让出进军通道,因此并没有在法国与比利时边境设防。不巧德国正是利用了法国的过分自信,制订了"施里芬计划","出其不意"地打败了法国,取得了第一次世界大战初期的胜利。——译者注

第7章 德军横扫西欧诸国

作。1940年5月10日拂晓,当时战争史上最大的装甲集群在卢森堡边境集结起来。这支部队由三支装甲军组成,分为三层,前两层是装甲师,第三层是摩步师。整个装甲集群由保罗·冯·克莱斯特担任司令,古德里安统率前军。

保罗·冯·克莱斯特的装甲集群的右侧是赫尔曼·霍特的第十五装甲军。该部奉命冲过阿登山脉的北部,直插日韦和迪南之间的马斯河地区。

上述几个装甲师不过是正在德国边境集结并准备挺进阿登山脉的大军的一部分。德国当时共有大约五十个师正挤在一起,构成了一个狭窄而密度极大的正面。

德军成功的关键在于其装甲部队能否快速越过阿登山脉并渡过马斯河。只有渡河成功,装甲部队才能获得机动空间。德军还必须在法国最高统帅部有所察觉并集中预备部队的兵力准备全面对抗德军之前尽快渡河。

这次,德军再次抢先一步,"险胜"渡河。法军如果能按照原计划利用好破坏交通线的策略对德军形成的局部阻力,或许还能占先。不幸的是,法军虽然能破坏交通线,却没有合适的防御部队阻击德军,甚至一度蠢到用骑兵师来拖延机械化德军前进。

相反,若法军动用装甲部队攻击德军侧翼,或许能对德军将领产生震慑作用,从而瓦解德军的攻势。因为德军曾一度担心左侧可能遭遇法军的攻击,所以被吓得不轻。

保罗·冯·克莱斯特见攻势进展顺利,1940年5月12日便同意了古德里安"让装甲部队不等步兵赶上就率先渡过马斯河"的意见。不过,保罗·冯·克莱斯特为了给坦克部队打开进攻通道,

集中了多达十二个俯冲轰炸机中队的强大空中支援力量。5月13日午后，德国空军如期杀到，炸弹如冰雹般不停落下。法国炮手大多被炸得头都抬不起来。为了保命，直到夜幕降临，他们都龟缩在防空洞里。

古德里安将攻势集中在色当以西长约一点五英里、适合强渡的马斯河河畔。马斯河在这里陡然往北折向圣芒日，随后又向南折，在地图上呈现出一个口袋状的突出部。马斯河北岸的高地周围长满树木，是进攻准备、设置炮位及火力观测的绝佳场所。在圣芒日附近观察，这一地区可尽收眼底，站在马尔费森林的高地眺望，可以很好地望到远处的天际线。

1940年5月13日16时，进攻正式开始。德国装甲部队配属的步兵搭乘木筏和橡皮艇打头阵。不久，德军又投入可以运送轻型车辆的渡船。很快，德军攻占了这一突出部，接着乘胜追击，抢占马斯河南岸马尔费森林的高地。当天午夜，德军已经在法军防线上将进攻的"楔子"①深入了五英里，并在圣芒日和色当之间的格莱尔架好了桥梁。于是，德国坦克部队上桥过河，开始继续向前进攻。

即便如此，1940年5月14日德军也还没有站稳脚跟。当时，德军只有一个师的兵力渡过了马斯河，也只有一座可用的渡桥，并且这座渡桥还在德国空军移兵别处时遭到了盟军空军的狂轰滥炸。不过，古德里安的高射炮兵团"支"起了一片厚厚的防空弹

---

① "楔子"指楔形攻势。指一方以强大的兵力和武器装备构成楔子般的队形，向另一方薄弱之处突击，从而突破其防御阵地。后文的"楔子"与此相同。——译者注

第7章 德军横扫西欧诸国

幕,成功保护了渡桥。盟军空军被打残,损失惨重。

1940年5月14日下午,古德里安的两个装甲师和一个摩托化步兵师全部渡河成功。古德里安先是指挥部队打退了一次法军姗姗来迟的反击,然后突然挥师向西。1940年5月15日傍晚,古德里安的部队已经突破了最后一道防线,通往英吉利海峡海岸一侧的大路此刻正向他敞开怀抱。

古德里安度过了一个难过的晚上,虽然原因并不是敌人来袭。

> 装甲集群司令部发来一个命令:"停止前进,固守前方桥头堡。"我知道我自己不愿意,更不能接受这个命令——一旦这么做就意味着袭击的突然性尽失,我军将前功尽弃。①

保罗·冯·克莱斯特接到古德里安的电话,与古德里安大吵了一番。不过,他最后还是做出了"同意古德里安的部队再前进二十四小时,以进一步扩大桥头堡"的让步。

古德里安尽力利用该让步带给他的便利条件:他给了麾下部队自由行动、全力前进的权限。最后,古德里安的部队一路向西,分别与自蒙泰梅渡口登陆的格奥尔格·汉斯·莱因哈特的两个师、在迪南渡口登陆的赫尔曼·霍特的两个师会合。法军从这时起兵败如山倒。德军长驱直入,如入无人之境。

1940年5月16日夜,古德里安的部队已经朝英吉利海峡西进了

---

① 巴兹尔·利德尔·哈特:《山那边》,第177页。——原注

五十多英里,抵达瓦兹河。然而,就在这时,自己人再次阻挠了古德里安的行动。

德军最高统帅部因渡过了马斯河而颇感欣慰,更想不到德军竟有这等好运,能如此深入敌境。德军高层此时还是认为法国有可能从德军侧翼发动反击,希特勒也这么想。因此,希特勒本人亲自下令:部队停下来两天,等待步兵赶上,沿着埃纳河组织侧翼的防御。

古德里安在"停止前进"这个争议上升到军队高层讨论过后官复原职,并获准继续前进,执行"武力侦查"——古德里安将这理解为"灵活执行"。这样一来,古德里安就可以在第十二集团军的步兵部队沿着埃纳河部署防御的两天休战期内保持强大的攻势,全力直扑英吉利海峡。

德军在前几回合已经给盟军制造了不少麻烦,并给自己争取到不少时间。因此,这时在瓦兹河稍做停顿也不会对最终的战果有太大的负面影响。但这还是暴露出德军内部新派军人和旧派军人之间在作战意识上存在的分歧——他们之间的分歧甚至大于德军与法军之间的分歧。

在第二次世界大战接近尾声时,甘末林曾这样谈及德军在横渡马斯河时的战略运用。

德军的行军真是漂亮极了,可以将这完全归功于德国人的先见之明吗?我不相信——就像我不相信拿破仑·波

第7章　德军横扫西欧诸国

拿巴打赢1806年耶拿战役①或者毛奇打赢1870年色当战役②只靠所谓的"先见之明"。我认为，法国战局是德军做了最好的随机应变的结果。这给了我们这样的教训：若军队和善打运动战的指挥官配合默契，就能在飞机、坦克和无线电允许的范围内来去自如。这大概是第一场不动用主力部队便打赢一场战争的决定性战役吧。③

据当时法军前线总司令阿方斯·约瑟夫·乔治说，当时部署在比利时卢森堡省境内的障碍将德军推进至马斯河的进攻"最少能拖四天"。法军参谋长艾梅·杜芒这样说道：

以己度人，我们曾设想德军不把重炮运来肯定不会试图渡过马斯河，因此我们就能得到比较宽松的五六天时间部署防御。④

值得注意的是，法军对德军的估计竟碰巧与"山那边"的德国人对自己的估计差不多。可见法国军事主官的基本设想在最初——最起码在战役真正打响之前——听起来还算合理。但他们机关算尽，却没有算到德国有个最大的人为变数——指挥德军部队的人是古德里安。法国最高统帅部没有算到古德里安采用以装

---

① 在耶拿战役中，拿破仑·波拿巴仅用一天时间就让普鲁士军队陷入全面崩溃的境地。——译者注
② 色当战役逼得拿破仑三世率军向普鲁士军队投降。——译者注
③ 巴兹尔·利德尔·哈特：《山那边》，第181页。——原注
④ 巴兹尔·利德尔·哈特：《山那边》，第181页。——原注

欧陆争夺：希特勒的狂飙突进

甲部队独立进行纵深突进穿插的战术，没有算到他对该战术的狂热笃信，更没有算到他会因一时冲动而抗命行事。实际上，德国陆军在现代战争史上斩获的这场空前胜利就是这样被古德里安和他手下的装甲兵"推"来的。

每一阶段战局的发展都与时间息息相关。为什么法军的反攻屡试不灵？因为法军把德军行动的时间估计得"太慢"，完全跟不上实际情况的变化；而德军的动作又总是"太快"，快得甚至超出了德国最高统帅部自己的预计。

法军制订作战计划的思考基础是，德军至少要等战役开始后第九天才能攻打马斯河。最开始——古德里安还没抗命的时候——德军将领也是这么想的。这一设想一被古德里安打乱，法军的噩梦便紧随而至：法军指挥官都是根据1918年第一次世界大战时期静态作战模式训练出来的，法军的指挥实在跟不上德军装甲部队进攻的速度，因而对德军的进攻无能为力。其实，盟军有少数人提前看到了潜在的危险，例如时任法国总理的保罗·雷诺。早在战前，还是在野党人士的保罗·雷诺就曾大声疾呼，呼吁国民支持装甲部队的发展。他很了解坦克等装甲武器的强大威力，甚至在1940年5月15日一早曾打电话对丘吉尔说："我们已经输了。"

丘吉尔是这么回复他的："经验显示，德国人过不了多久就会停止进攻。我记得1918年3月21日的时候①，德国人在持续进攻五六天后就不得不停下来等着补给送上前线了，这是斐迪南·福

---

① 丘吉尔是指亚眠战役。——译者注

第7章 德军横扫西欧诸国

煦元帅亲口跟我说的。那时我们就可以反攻了。[①]"1940年5月16日,丘吉尔亲自飞赴巴黎,反对盟军将部队撤出比利时。即便德国人真的会停下来,甘末林撤军的速度还是不够快。他现在正用1918年第一次世界大战的思维模式制订一个用大量步兵师发动反攻的计划。甘末林还在用老一套打法考虑问题。但不幸的是,因为他是当时法国最能打仗的老将,这时的丘吉尔只能选择继续信任他。

然而,就在同一天,保罗·雷诺撤了甘末林的职,改用从叙利亚召回的魏刚。第一次世界大战时期,魏刚是斐迪南·福煦的参谋长。然而,魏刚直到1940年5月19日才返回法国上任。法国最高统帅部在老帅离职、新帅未上任的三天时间里一直处于"虚悬"状态。5月20日,古德里安率部推进至英吉利海峡,一举切断了比利时的盟军的后路。更糟的是,魏刚是一个思维比甘末林更过时的人,他也按照1918年第一次世界大战的模式组织防御。终于,一切到了无可挽回的地步。

归结起来,盟军打败仗的原因就是同盟国首脑在执行上要么太迟,要么做错,最后眼睁睁看着灾难降临到自己的头上。

而1940年英国远征军能够虎口脱险逃回英国,和希特勒的个人干预也有很大关系。希特勒在德军坦克一路开到法国北方切断英军回国道路后,命令它们在杀入敦刻尔克之前停了下来。而当时的敦刻尔克是英军唯一可用于撤退的港口。当时英军大部分部队离敦刻尔克还很远,但希特勒硬是让坦克在原地停留了三天。

[①] 丘吉尔:《第二次世界大战回忆录》,第2卷,第38页到第39页。——原注

在已经明摆着"神仙难救"英军的时候,这一举措救了英军。如果希特勒不犯这个错误,那么英军根本没有返回英国重整旗鼓、守卫国土乃至继续作战的机会。这一步也让希特勒玩火自焚,最终导致了五年后德意志第三帝国的垮台和他自己的死亡。英国人当然清楚自己这回是九死一生,但对于自己为何能九死一生百思不得其解,只好以"敦刻尔克的奇迹"来解释。

希特勒是怎么下达让部队停止进攻的命令的呢?他又为什么这么做?德军将领自己也觉得这是个谜。我们也没办法重现希特勒当时做决策的心路历程,并且就算是希特勒本人对此做出的解释也很难让人信服。大人物犯了大错,一般事后都很少说明真相,更何况希特勒也不是什么爱讲真话的大人物。这么看来,希特勒自己的解释倒很可能混淆视听。即便希特勒自己愿意坦白,也可能因自己内心动机复杂、性格喜怒无常而无法办到——更何况人的回忆还会被后来发生的事情影响。

在对这一重要历史事件做过长期研究后,历史学家还是发现了不少证据。这些证据不仅可以将一系列重大历史事件串联起来,或许还能顺藤摸瓜找到促成希特勒这一重大决定的起因。

古德里安的装甲集团在切断比利时盟军左翼部队的补给线后,于1940年5月20日抵达阿布维尔附近的海边。接着,古德里安率部调头北上,攻打英吉利海峡各港口和英军的殿后部队——当时英军仍在比利时正面抵挡费多尔·冯·博克的步兵部队的进攻。和古德里安一同北进的是位于他右侧、同属保罗·冯·克莱斯特麾下的格奥尔格·汉斯·莱因哈特的部队。

1940年5月22日,古德里安率军发动进攻,包围了布洛涅。5

第7章 德军横扫西欧诸国

月23日,加莱也被德军包围了。古德里安顺风顺水,一路杀到格拉沃利讷。这时,他距离英军最后的逃生港敦刻尔克仅十英里。格奥尔格·汉斯·莱因哈特的部队此时也抵达了艾尔—圣奥梅尔—格拉沃利讷运河一线。就在此时,上面的"停止令"突然下达,两名指挥官接到命令,被要求将部队退到运河线之后。愤怒的古德里安和格奥尔格·汉斯·莱因哈特屡屡打电话进行质问和抗议,却只得到了"这是元首本人的命令"的答复。

在深究希特勒为何出手干预军事行动并解救那么多英军士兵之前,我们不妨先看看此时英军发生了什么,回顾一下大撤退的过程。

1940年5月16日,英国远征军总司令戈特勋爵约翰·维里克刚刚把英国远征军从布鲁塞尔前线撤回。但英军还没来得及撤退到斯海尔德河,那里的阵地就因古德里安在南面的军事行动而不能用了。5月19日,英国内阁得知约翰·维里克正在"考虑如果万不得已能否向敦刻尔克撤退"。尽管约翰·维里克已经跟内阁禀报过,他手下的部队仅携带了四天的补给,弹药也只够打一次仗,但内阁还是下令让他向南进入法国,去钻德国人早就设在那里的圈套。

早上,英国内阁下的这些命令迟迟发不出来,原本正好是用来配合法军总司令发布的新计划的。结果,在傍晚正式上任接替甘末林的魏刚做的第一件事就是一边研究当前局势,一边取消甘末林的计划。魏刚又用了三天时间,拿出了一份和甘末林没什么区别的计划——完成这个计划简直就是天方夜谭。

与此同时,约翰·维里克一边抗议内阁的建议不切实际,一

欧陆争夺：希特勒的狂飙突进

边从麾下十三个师的兵力中拿出了两个师，再加上已经被派往法国的唯一一个坦克旅，尝试从阿拉斯往南向德军发起进攻。1940年5月21日反击正式开始后，进攻兵力却很快被压缩到只剩两个实力薄弱的坦克营和两个步兵营。英军坦克的反击起到了一些作用，但又迟迟得不到增援来扩大战果。两个英军步兵营则被德国俯冲轰炸机的空袭吓破了胆。原本在一旁的法国第一集团军也派出麾下十三个师中的两个师助战，但它们实际上非但没帮上什么忙，反倒被赶来攻击的德军俯冲轰炸机和来去自如的德国坦克打瘫，士气也很低落。

值得注意的是，英军发动的小规模坦克反击竟也让部分德军高级将领大受惊吓：他们甚至为此一度动了让先头装甲部队停下来的念头。伦德施泰特本人还把这比作"危急关头"。他说："当时，我们很害怕，装甲师可能在步兵师赶来支援之前就被敌人切断后路。"这表明，如果英国能投入两个装甲师而不是两个装甲营反击，战局可能会因此而截然不同。①

自从在阿拉斯有过昙花一现的反击后，战场北部的盟军就再没有过任何突围行动。魏刚派出的解围部队从南面赶来，但力量太弱，无法突破德军防线为友军解围。为了保障德国装甲师不受

---

① 自1935年以来，《泰晤士报》和其他方面在预测1940年发生的这个状况时都主张：为在德军入侵法国时能有力量反击，英军与其派遣由步兵师组成的远征军入法作战，不如集中力量配备更强大的空军和几个装甲师，因为届时步兵师可以由法军提供。1937年底，英国内阁接受了这个建议，但在1939年初又改口拒绝，把策略改为"建设一支常备远征军"。截至1940年5月，英国远征军已经拥有十三个步兵师（其中包括三个"劳工"师），没有配备装甲师。这支部队被派往法国，但没有起到力挽狂澜的作用。——原注

110

第7章 德军横扫西欧诸国

干扰地北上并彻底封闭对盟军的包围圈,德军摩托化步兵师已经在索姆河沿岸筑起了工事。魏刚指挥的部队动作那么慢,他那吹牛皮似的命令就像丘吉尔对部队发出的"抛弃躲在水泥防线或自然屏障后抗敌的旧思想""以猛烈、不倦的突击重掌主动权"这样的命令一样,都是空话,根本实现不了。

盟军高层此时还在为天马行空的计划争执不休,被切断退路的盟军部队此时已经开始向靠近海岸的一片斜坡撤退。与此同时,费多尔·冯·博克的步兵部队从正面进攻,给盟军部队带来的压力越来越大。万幸的是,德国的装甲部队没有从背后再捅盟军部队一刀。

1940年5月24日,魏刚抱怨道:"我们北上的救援部队马上就要和英军会合了,盟军部队竟在如此紧要关头往海边港口一下就后退了二十五英里。"——如此鬼话只能证明这个人活在空想之中:当时,法国部队根本没取得什么明显的进展,英军也没有后退半步。

1940年5月25日傍晚,约翰·维里克最后下定决心:率领部队撤退到敦刻尔克,准备从这里经海路返回英国。德国装甲部队在四十八小时后赶到,就待在离敦刻尔克仅十英里的运河线上。5月26日,英国内阁同意陆军部向约翰·维里克发出"准许撤退"的电报;5月27日又发了一封电报让他"走海路撤退"。

就在同一天,即1940年5月27日,费多尔·冯·博克率部队从中央突破了比利时军队的防线。此时,比利时已经没有后备兵力

欧陆争夺：希特勒的狂飙突进

填补这个缺口了。比利时国王利奥波德三世早已通过罗杰·凯斯①上将多次警告丘吉尔"局势越发无望"——现在警告应验了。比利时此时正处于大半国土沦陷、军队和难民一起挤在一个狭长地带的困局，即将面临"背海一战"的危险。当天傍晚，比利时国王利奥波德三世决定求和。5月28日早晨，"停火"的命令声传遍整个战场。

比利时投降意味着英国远征军有可能还没到敦刻尔克就被切断退路。丘吉尔刚给利奥波德三世发去"请坚持住"的请求，私下又对约翰·维里克说"这是让比利时人为我们牺牲"。被包围的比利时人当然明白英国远征军已经准备撤退了，因此也不会对丘吉尔的"请求"有什么好看法。利奥波德三世也没有听从丘吉尔"尽快坐飞机出逃"的建议——他要和"军民在一起"。从长远看，利奥波德三世的决定并不是明智之举，但就当时的形势而言，完全是勇气可嘉。这么看来，丘吉尔后来对此事的批评是很不公道的，法国总理保罗·雷诺和媒体的指责就更不讲理了——难道比利时亡国不是因为法国在马斯河的溃败导致的？

英军也不再理会法国的抗议和责备，只顾往海岸猛冲——一定要在德国合上包围圈前登船撤退。所幸英国在一周前就已经着手撤退的准备工作了（尽管那是另一手准备）。1940年5月20日，出于对英国远征军由南面进入法国可能被德军切断后路的担心，丘吉尔批准"调集大量小型船准备开往法国沿海港口和港湾"以

---

① 罗杰·凯斯（1872—1945），英国海军退役上将。他和比利时王室私交甚好，时任比利时国王私人顾问，全权负责协调比利时和英法联军之间的作战联络。——译者注

第7章 德军横扫西欧诸国

便救援。英国海军部随即开始准备，而在多佛指挥部队的海军上将伯特伦·霍姆·拉姆齐已经于5月19日出任救援行动的总指挥。英国海运官员奉命把哈里奇到韦茅斯一带千吨以下的船都登记造册；渡船、海军扫雷舰和其他船舶都因这次"发电机行动"而被征召起来。

几天后，局势迅速恶化，英国海军部很快意识到：从敦刻尔克撤出远征军是当下唯一的出路。1940年5月26日下午，也就是在比利时投降的二十四小时之前和英国内阁批准远征军撤退之前，"发电机行动"正式开始执行。

一开始，人们对救援行动不抱期望，认为只要能救出小部分远征军便功德圆满。海军部通知伯特伦·霍姆·拉姆齐两天内务必救出四万五千名士兵，否则德军一旦开始追击就来不及了。实际上一直到1940年5月28日晚，仅有两万五千名英军士兵成功乘船回国——不过，幸运的是，后来救援的期限也比预计的要长。

由于从海滩撤军需要足够的小船将士兵从海滩送到停靠在深水区的大船，而"发电机行动"的前五天英国又筹不到足够的小船，因此撤退进度就受到了限制。伯特伦·霍姆·拉姆齐最早指出小船数量不够这个问题，但行动开始后还是没有凑齐。好在英国海军部一直努力筹集船舶、招募船工。海军水手得到了来自英国民间的有力支援——大批渔民、救生员、游艇驾驶员和有驾船经验的英国人加入了救援队伍。根据伯特伦·霍姆·拉姆齐记载，表现最出色的民船之一是来自伦敦消防队的"马西·肖"号消防船及其船员。

最开始等候上船的部队都处于无序状态，海滩上也因此一片混乱——这些人中大部分都是基层官兵。伯特伦·霍姆·拉姆

齐认为，导致混乱的原因是"英国陆军军官制服和士兵制服很相似，混乱中难以互相辨别"，而"海军军官的制服就很容易辨认，一时间竟对恢复部队的秩序有所帮助。后来等战斗部队撤到海滩，起初的困难就消失了"。

德军对敦刻尔克发动的第一次猛烈空袭发生在1940年5月29日傍晚。"在撤退初期敦刻尔克港水道竟然没被沉船堵塞，英国人的运气简直好到了极点。"由于从海滩上船撤退的英军人数不到总撤退人数的三分之一，大部分英军都从敦刻尔克港登船，因此保证水道畅通就显得更加重要了。

德军空袭的力度在接下来的三天逐步加大。1940年6月2日，昼间救援行动不得不终止。英国空军的战斗机从英格兰南部起飞，全力试图阻止德国空军靠近港口。然而，不仅数量优势被德国空军占据，长途奔袭的英军战机由于航程所限，不允许太长的滞空时间，因此无法维持足够的空中掩护。德国空军频繁的空袭搞得正在沙滩上苦苦等待救援的部队紧张不已。不过，松软的沙滩大量吸收了炸弹的冲击波，使炸弹威力大减。英军在海上承受的损失远比在沙滩上大：六艘驱逐舰、八艘运输船、八百六十艘为救援行动征集来的英国和盟国的大小船舶中的两百多艘都沉入了海底。所幸德国海军没有火上浇油地出动U艇和E艇（鱼雷艇等小型攻击艇）骚扰英军舰队。当时英吉利海峡上空天气很好，并未对救援行动构成阻碍。

1940年5月30日，已经有十二万六千名士兵撤退成功，除部分部队在撤退时后路被德军切断外，大部分英国远征军都成功抵达了敦刻尔克的桥头堡。桥头堡的防御力量得到了进一步加强——

第7章　德军横扫西欧诸国

德军已经失去了打围歼战消灭英军的最后机会。

不幸的是，此时仍在比利时的法国高级指挥官们仍在履行魏刚那不切实际的"救援计划"。他们举棋不定，不像英军那般果断地往海边撤退。1940年5月28日，法国第一集团军余部的近半官兵在里尔附近被德军切断了后路。5月31日，他们被迫投降——不过，他们三天以来的坚守成功掩护了英军和其他法军残部的撤退。

1940年6月2日午夜，英国远征军后卫部队登船，这标志着二十二万四千名英国远征军顺利撤退（虽然在返航途中因为空袭又损失了两千人）。英国还救出了以法军为主的九万五千名盟军。6月3日晚，英军尽了最大努力，克服困难，试图尽可能地救走沙滩上的法军（救了两万六千人）。不过，最后还是来不及救走一批法国后卫部队，这令法国当局感到不快。

1940年6月4日早晨，救援行动全部结束。共有三十三万八千名盟军士兵经海路撤回英国。比起之前的消极估计，英国海军取得的丰功伟绩可以说是一个惊人的成果。

然而，如果不是希特勒自1940年5月24日起让保罗·冯·克莱斯特的部队停止前进了整整十二天，这几十万大军根本不可能有"来日再战"的机会。

当时，在圣奥梅尔到格拉沃利讷之间宽达二十英里的阿河战线上，英国守军的兵力只有区区一个营。往内陆延伸六十英里的运河防线一带防守力量稍强一些，但于事无补。英军撤退时常常来不及炸毁桥梁，有时甚至连炸药也来不及准备。就这样，德军装甲部队在1940年5月23日毫无悬念地占领了英军设置在运河边的一系列桥头堡。约翰·维里克在报告中说这些桥头堡"是我军

115

在这一侧仅有的反坦克障碍"。德军从这里通过后将变得势不可当。要不是希特勒下了停止前进的命令,英军就只能睁大眼睛看着德国人切断自己通往敦刻尔克的退路。

不过,如今我们已经知道,自从德军突入法国,希特勒就一直处于高度紧张、坐立不安的状态。随后德军进展竟异常顺利,更让他感到不安。希特勒不禁怀疑:自己是不是正活在梦里——这可以通过查找时任德军总参谋长弗朗茨·哈尔德的日记得知。1940年5月17日,也就是法国马斯河防线崩溃的第二天,弗朗茨·哈尔德在日记中写道:"今天很不开心。元首很不安。他因为不相信自己竟可以轻易取得成功,宁可让部队停下来也不肯冒险继续前进。"

往英吉利海峡大步前进的古德里安正是在1940年5月17日那天收到"停止前进"的命令的。在5月18日的日记中,弗朗茨·哈尔德写道:"每一个小时对我们都弥足珍贵……但元首不这么看……元首不知道为什么这么担心南边的战局。元首发怒、尖叫,说我们即将毁了整个战争。"直到当天深夜,弗朗茨·哈尔德还在向希特勒担保说接应装甲部队的步兵正掉头沿着埃纳河布置防线,希特勒这才同意装甲部队继续前进。

1940年5月20日,这些德国部队终于到达海边,切断了在比利时的盟军的退路。德军的辉煌胜利似乎已经稍微打消了希特勒的疑虑。但等德军装甲部队北上遭遇约翰·维里克部队的反击后,希特勒的疑虑又来了:虽然英军反击规模很小,但毕竟已经在指挥部引起了惊慌。现在,希特勒最宝贵的装甲部队正往他认为的最顽强的英军占领区开进,而装甲部队后方的法军也不知在战场

第7章 德军横扫西欧诸国

南面搞什么鬼名堂。这些都让希特勒感到异常不安。

从表面上看,希特勒在1940年5月24日这么一个关键时刻巡视伦德施泰特的司令部不是一个好选择。因为伦德施泰特本人是一个谨慎的战略家,总是全盘考虑各种不利因素,避免因过于乐观而犯错,这样他就能通过冷静的分析来担当希特勒的"纠错人"。然而,这次,即便是伦德施泰特的分析判断,也没给德国带来什么好处,因为他在为希特勒复盘战场局势后指出:

> 装甲部队经过长途急行军已经疲惫不堪,此时容易受到盟军南北两面的夹攻,特别是南面的进攻。

1940年5月23日夜,伦德施泰特已经接到德国陆军总司令瓦尔特·冯·布劳希奇发出的"将从北面合围盟军部队的任务移交给费多尔·冯·博克"的命令。因此,这时他自然会更关注南面战场下一阶段的局势。

此外,当时伦德施泰特的司令部尚在色当和埃纳河附近的查尔斯维尔,这里地处德军南向前线的中央。把司令部设在这个地方容易让指挥官将注意力过分投入正面战场,对可能已经胜券在握的较右侧的战场反倒注意较少。伦德施泰特可能最多只是"瞟"了敦刻尔克一眼。

希特勒"完全同意"伦德施泰特的保守见解,并继续强调在未来的作战行动中继续保留装甲部队的实力。

1940年5月24日下午,希特勒一回到自己的总部就召总司令瓦尔特·冯·布劳希奇见了一次"很不愉快"的面。希特勒就是在

这里下达部队必须停下来的"死命令"。当晚,弗朗茨·哈尔德在日记里大吐苦水。

> 元首就这样用一条命令挡住了前方没有敌人阻挡的我军左翼装甲部队和摩托化部队。现在,消灭被合围的盟军地面部队的重任就落在德国空军的肩膀上了!

希特勒真是因为受了伦德施泰特启发才下了停止进军命令的吗?如果是,在英军逃走之后他找借口掩饰时肯定就会将这一点提出来——因为他一直都善于把自己的错误归咎到别人头上。但在这件事上竟然偏偏就有这么一个有力的反证:希特勒在后来谈及这件事时竟对伦德施泰特只字不提。

照这么分析,当初希特勒去视察伦德施泰特的司令部很有可能就是为了寻找理由来证明自己的疑虑是有理有据的,进而以此来说服瓦尔特·冯·布劳希奇和弗朗茨·哈尔德。要说还有其他人最初影响过他,那就莫过于他那两位主要军事参谋威廉·凯特尔和阿尔弗雷德·约德尔了。这样一来,当时常和阿尔弗雷德·约德尔打交道的瓦尔特·瓦尔利蒙特的证据就显得特别重要。一听到下了停止命令的"谣言",焦急的瓦尔特·瓦尔利蒙特就急忙去问阿尔弗雷德·约德尔发生了什么事。

> 阿尔弗雷德·约德尔告诉我,确实是下了让部队停止前进的命令。他的语气听起来很不耐烦。阿尔弗雷德·约德尔和希特勒的立场是一致的。他强调,无论是

第7章 德军横扫西欧诸国

希特勒，还是他自己和威廉·凯特尔第一次世界大战时在佛兰德斯的经验，都不容置疑地证明装甲部队在佛兰德斯的沼泽地作战将要付出巨大到我军承受不了的惨重代价，因此不能让装甲部队继续作战。当时，我们的装甲部队战斗力已经被严重削弱，但它接下来还要承担进攻法国第二阶段的任务。①

瓦尔特·瓦尔利蒙特补充道：如果是伦德施泰特先下的停止命令，那么瓦尔特·瓦尔利蒙特自己和国防军最高统帅部都会先知道，而这一命令的拥护者阿尔弗雷德·约德尔也一定会指出"伦德施泰特是首先下达这个命令、最起码也是拥护这个命令的人"——伦德施泰特在所有高级军事参谋中拥有"不容辩驳"的威信，把他抬出来是可以平息众怒的。

不过，就在当时，我忽然明白了下达停止命令的另一个原因——戈林来了。他跟元首拍胸脯说德国空军会从空中收紧海面一侧的包围圈。戈林肯定是太看得起他麾下的空军了。

瓦尔特·瓦尔利蒙特的这段话和前面弗朗茨·哈尔德1940年5月24日的那段日记是相互照应的。除此之外，古德里安也说保罗·冯·克莱斯特给他下的停止命令里还加了这么一句话："空

---

① 巴兹尔·利德尔·哈特：《山那边》，第197页。——原注

欧陆争夺：希特勒的狂飙突进

军将负责接手解决敦刻尔克英军的问题，要是到时候攻打加莱碰到麻烦，那也让空军去解决。"古德里安指出："我认为希特勒做出这么重要的决定就是戈林的虚荣心导致的。"

还有证据表明德国空军也没有尽全力——因为有些德国空军主官说希特勒不让他们尽全力。

这一切都不由得让德军高层怀疑希特勒让德军停下的所谓"军事理由"后面还隐藏着什么政治动机。曾在伦德施泰特手下担任作战指挥官的君特·布鲁门特里特将其和希特勒巡视A集团军群司令部时展现出的令人感到诧异的腔调联系了起来。

> 希特勒很幽默。他说这场战役"明摆着就是个奇迹"，还跟我们分享"战争将在六个星期内结束"的看法。他说，在那之后他就要和法国缔结合理的和平条约。这样一来，和英国议和的道路就会畅通无阻了。我们很惊讶希特勒竟然会用赞许的口吻谈英国。他谈到了英国给世界带来的文明成果，还说"大英帝国还有存在下去的必要"。他耸耸肩膀，说大英帝国确实是以狠辣手段立国的，但成事没有两全其美，"刨木头肯定会产生木头屑"。希特勒把英国与教廷相比，称二者都是维持世界稳定的必备元素。希特勒还说，虽然议和时德国当然会要求英国归还原来属于德国的殖民地，但这个条件也不是非满足不可——他要的是英国对德国在欧洲大陆上应有地位的承认。甚至英国如果卷入世界某个地方的某个麻烦，德国到时候也很乐意派兵帮它解围。希特勒说，解决殖民地问

第7章 德军横扫西欧诸国

题的关键在于立威,因为靠战争保不住殖民地,何况定居在热带地区的德国人也很少。

最后,希特勒下了这样的结论:他要在以英国认为"自己保住面子"的基础上同英国讲和。[1]

后来,君特·布鲁门特里特也常常回想起这次谈话。他觉得希特勒下令停止前进不只是出于军事原因,而是政治上议和方案的组成部分。如果德军就这么在法国海滩俘虏英国的远征军,英国政府就可能采取更激烈的抵抗措施来洗刷巨大耻辱,谈判也就谈不成了。于是,希特勒索性就放英国远征军一马,希望博得英国政府好感。

君特·布鲁门特里特是对希特勒意见很大的人[2]。他也承认他和其他对希特勒有意见的德国将领当时都想彻底干掉英国陆军——这样一个人在当时记下这样一番话就很重要了。这些"反对者"们对希特勒在敦刻尔克战役上的言行的记录与希特勒早年在《我的奋斗》中对自己言行的记录不谋而合。值得注意的是,希特勒在其他方面也是一个谨遵自己信条办事的人,其性格的组成部分体现了他对英国有一种"又爱又恨"的感情。希特勒在这一时期关于英国的谈话还可见于弗朗茨·哈尔德和加莱亚佐·齐亚诺伯爵[3]的日记。

---

[1] 巴兹尔·利德尔·哈特:《山那边》,第200页到第201页。——原注
[2] 后来君特·布鲁门特里特参加了反对希特勒的"七月阴谋"。不过,希特勒认为他无罪。——译者注
[3] 加莱亚佐·齐亚诺伯爵是墨索里尼的女婿。——译者注

希特勒的性格很复杂,三言两语难以准确阐明。他让部队停下来可能有好几个原因,最起码有三个原因是明摆着的:其一是希特勒要为下一场进攻保留宝贵的坦克;其二是希特勒长期以来对佛兰德斯的沼泽地都心怀恐惧;其三是戈林代表德国空军立下了军令状。不过,更有可能的答案或许是:生性爱好政治权谋的希特勒把政治考量贯穿在上述三个军事理由之中。

法军沿着索姆河和埃纳河筑起的新战线比原来长,但可用于防守的部队比原来少。法军在战役的第一阶段损失了三十个师的兵力,其中还不包括法国盟军的损失。当时,英国在法国只留下了两个师,同时加派了两个训练不充分的师。总之,魏刚用四十九个师的兵力开始防御新的战线,另外用十七个师驻守马其诺防线。当然,在短时间内巩固现有防线已经来不及,纵深防御战术又因缺少兵力而难以实施。当时,法国已经拼光大部分机械化师,并且很缺乏机动力强的预备队。

反之,德国的十个装甲师却因得到新坦克的补充而实力大增,德国的一百三十个步兵师几乎没有受到什么损失。为了发动新攻势,德军将兵力重新进行了部署。德军把新投入的第二集团军、第九集团军用来增强瓦兹河到马斯河之间的埃纳河地区的兵力。古德里安也被调到这里,担任一支由两个装甲军组成的装甲部队的指挥官。保罗·冯·克莱斯特尚指挥着两个装甲军。他准备用这支部队分亚眠、佩罗讷两路渡过索姆河,以钳形攻势进攻,并在克雷伊附近的瓦兹河下游地区会师。赫尔曼·霍特将指挥剩下的装甲部队沿着亚眠和海岸线之间的地区向前推进。

1940年6月5日,德军正式发动第二轮攻势。最初,德军在拉

第7章 德军横扫西欧诸国

昂和海岸线之间地区的西部发动突击。头两天,德军遭到了顽强抵抗,但从6月7日开始,德军在战场西端的装甲军接连打通了通往鲁昂的道路。法军阵地陷入混乱,并最终崩溃。6月9日,德军没遇到什么抵抗就渡过了塞纳河。但德军没在渡河后直接发动总攻的打算。艾伦·布鲁克将军还算走运,因为他当时指挥的小股英军在法国投降时又有了第二次撤退的机会。

虽然1940年6月8日保罗·冯·克莱斯特的右路部队取得了突破,但由于从佩罗讷出发的左路部队在贡比涅附近遭到了顽强抵抗,因此他的钳形攻势最终没有形成。于是,德军最高统帅部决定让保罗·冯·克莱斯特部队先后撤,随后将其调往东部支援德军在香槟的突破作战。

1940年6月9日,德军终于在香槟发起了进攻,同时法军也几乎在瞬间一触而溃。德军步兵主力刚刚渡河,古德里安的坦克就跟着杀入打开的缺口,直奔马恩河畔的沙隆而去,然后转而向东进攻。6月11日,扩大攻击面的保罗·冯·克莱斯特率部在蒂耶里堡渡过了马恩河。古德里安与保罗·冯·克莱斯特的部队仿佛相互竞速一般跨过了朗格勒高原,经过贝桑松,然后就到了法国与瑞士边界——就这样切断了马其诺防线守军的后路。

早在1940年6月7日,魏刚就建议法国政府立刻求和。6月8日,魏刚宣布:"我军在索姆河的战斗失败了。"当时,法国政府内部官员虽然意见不一,但还是在6月9日逃出了巴黎。最开始他们还在为要逃到布列塔尼还是波尔多而争论不休,但最后争论双方妥协,先撤到图尔。法国总理保罗·雷诺向美国总统罗斯福求救。他宣称:"我们将在巴黎的房前屋后同德国人血战到底。

要是巴黎守不住，我们就会领导法国幸存的省与德国人奋战。要是国内守不住了，我们就到北非的海外殖民地去，继续和德国人作战……"

1940年6月10日，意大利对法国宣战并加入战争。尽管当时已经来不及，英国政府还是为了让意大利不要进攻法国，向墨索里尼许诺将出让殖民地给意大利。当时，墨索里尼希望和希特勒深化关系，因此一口回绝了英国的提议。不过，墨索里尼拖了十天才慢吞吞地发动了一场无力的进攻。这时法军战斗力虽然已经十分虚弱，但仍然抵挡住了意大利军队的进攻。

1940年6月11日，丘吉尔飞到图尔给法国政府领导人加油打气。只是丘吉尔白费了口水。6月12日，魏刚发电报给法国政府称因为英国人的缘故仗"已经打输了"，还宣称："我不得不说，当下停战实在是万不得已。"魏刚做这样的断言无可厚非：法军已被德军分割包围，并且早已丧失斗志，纷纷南逃。此时，法国内阁意见也分为两派：投降派主张停战求和，抵抗派则主张退到北非殖民地继续作战。但双方吵来吵去，最后竟只得出了"政府搬到波尔多，并且命令魏刚在卢瓦尔河继续抗敌"的结论。

1940年6月14日，德军开进巴黎，并继续向两侧深入。6月16日，德军抵达罗讷河河谷。魏刚得到了法军所有军事主官的支持，继续逼迫政府，要求政府与德国讲和。为了防止法国投降并确保法国能在非洲继续抵抗，丘吉尔竟提出成立法英联邦的惊人构想。但该提议激起了法国人的反感。最后，这个提议交付表决：多数法国内阁成员反对建立法英联邦。于是，法国内阁决定向德国投降。保罗·雷诺总理宣布辞职。6月16日夜，菲利普·贝

第7章　德军横扫西欧诸国

当元帅出任新总理并组阁，当晚向希特勒递交了投降书。

1940年6月20日，希特勒在当年德国签署第一次世界大战停战协定的贡比涅森林火车车厢里把德国的停战条件传达给法国使者。在此期间，德军强渡卢瓦尔河。6月22日，法国接受了德国的停战条件，并且与德国签订了停战协议。6月25日1时35分，在安排了对意大利的停战后，协议正式生效——希特勒就此征服了西欧大陆。

第 8 章 不列颠战役

The Battle of Britain

第8章 不列颠战役

虽然1939年9月1日德国入侵波兰标志着第二次世界大战的全面开始，英国与法国也在两天后的9月3日相继向德国宣战，但那时的希特勒和德军最高统帅部竟没有着手制订任何反制英国的计划——这大概是战争史上最不寻常的景象之一了。更奇怪的是，从1939年9月大战开始至1940年5月希特勒进攻西欧长达九个月的时间及从法国战役开始到法国局势逐渐明朗时，德国对英国都是无动于衷，也没有制订任何计划。

希特勒的狼子野心由此昭然若揭：他之所以无意用一场决战打败英国，是寄希望于与英国政府和谈，进而达成有利于他的和平协议。希特勒早就在用批准休假或者将空军调往其他潜在战场等方式使他的将军们意识到——战争要结束了。除此之外，希特勒还在1940年6月22日解散了三十五个师。

即便丘吉尔断然拒绝了任何妥协并明确表示要作战到底时，希特勒还认为英国"军事上已经山穷水尽"，只不过是死鸭子嘴硬而已。希特勒的这种想法过了很长时间才消失，直到1940年7月2日他都没有下令研究任何入侵英国的问题。即便到了7月16日，希特勒松口下令准备发起代号为"海狮行动"的作战行动时，仍

对进攻英国的必要性将信将疑。然而,希特勒也明确:一定要在8月中旬以前完成所有进攻英国的准备。

其实即便已经到了"进攻英国"的时候,希特勒仍然对是否"进攻英国"犹豫不决。这从1940年7月21日他对总参谋长弗朗茨·哈尔德说过的"如果有可能,就在秋天到来前调转枪口先解决苏联"这句话看出来。7月29日,阿尔弗雷德·约德尔在国防军最高统帅部告诉瓦尔特·瓦尔利蒙特:希特勒已经决意进攻苏联。几天前,古德里安的装甲集群的参谋奉命返回柏林,制订了关于在侵苏战争中使用装甲部队的计划。

在法国沦陷之际,德军竟没有为渡海攻打英国做任何准备。德军参谋人员完全没想过要攻打英国,更别说做任何实质性的研究了。德军士兵没有受过任何渡海登陆训练,德国也没有制造过任何登陆装备。因此只能临时调集所有手边可用的船,从德国和荷兰将所有驳船调集到英吉利海峡的港口,并让士兵们先初步接受登船和卸载训练。对于德国来说,只有趁英国因在法国战败而丢失大量武器装备使防线出现临时"裸露"状态时赶快集结部队进攻,才有胜利的希望。

根据"海狮行动"计划,德军由陆军元帅伦德施泰特的A集团军群担任主攻。A集团军群由恩斯特·布施将军指挥的第十六集团军和阿道夫·施特劳斯将军指挥的第九集团军组成。第六集团军在右翼,第九集团军在左翼。A集团军群的登陆部队将在斯海尔德河到塞纳河之间的大小港口登船,在福克斯通和布赖顿之间的英国东南沿海一带会合。德国第一阶段计划投入十个师,并用四天时间在登陆地带构筑一个大规模的滩头阵地。先头部队得手一周

第8章 不列颠战役

后再向内陆发动大举进攻。第一阶段先夺取泰晤士河河口到朴次茅斯一带的弧形高地，接着在第二阶段从西面封锁伦敦。

由德国陆军元帅瓦尔特·冯·赖歇瑙指挥的B集团军群第六集团军担任助攻。首轮进攻预计投入三个师的兵力，从瑟堡出发，在莱姆湾的波特兰岬登陆，之后一路北上至塞文河河口。

德军计划在第二轮进攻中投入包含六个装甲师、三个摩托化师在内的三个军的机动兵力，而在第三轮进攻中投入九个步兵师，在第四轮进攻投入八个步兵师。虽然首轮进攻中不含装甲师，但德军仍为登陆部队配备了六百五十辆坦克，由首轮登陆部队下属两个梯队中的第一梯队运载。第一梯队作为领航梯队，运载量将占到总运载量二十五万登陆部队的三分之一。为此，德军需要投入一百五十五艘合计七十多万吨的运输船。此外，德军还需一千七百二十艘驳船、四百七十艘拖船和一千一百六十艘汽艇。

1940年7月底，"海狮行动"的准备工作正式开始。德国海军参谋部称渡船的集结工作最早在9月中旬才能完成，但希特勒要求必须在8月中旬前完成。另外，海军参谋部建议希特勒把登陆日期推迟到1941年春季。

然而，缺少渡船尚不是德军面前唯一的"拦路虎"。德国陆军将领对士兵渡海时面临的威胁十分担心。他们怀疑德国海军、空军是否具备保证陆军登陆通道安全的能力，因此力促建立自拉姆斯盖特至莱姆湾的宽阔登陆战线，迫使英军分兵抵抗。但他们实际上更担心一旦英国海军杀到，德国海军将无力应对。因此，德国海军一面坚持"无力依据陆军的方案为其提供保护"，一面提出德国陆军应在狭窄的、布满水雷的通道内派遣规模更小的部队登陆方案。

德国陆军将领因此对海军的意见更加怀疑。于是,海军上将埃里希·雷德尔强调:控制登陆场的制空权是至关重要的。

1940年7月31日,希特勒在和埃里希·雷德尔谈过后终于接受了不能在9月中旬以前执行"海狮行动"的结论。但这不代表希特勒就一定会等到1941年以后才执行"海狮行动",因为戈林向他保证:德国空军不但能挡住英国的海上进攻,还能将英国空军"赶出天空"。德国海军主官和陆军主官都很愿意让他试试,这样一来,除非戈林的空军真的成功,否则他们就不必为登陆行动失败担责了。

戈林确实是失败了——他把一场登陆战硬生生打成了一场失败的大规模空战,而大规模空战也成为不列颠战役的主要及唯一特点。

与时人的普遍思维不同,德国空军的战斗力实际上并不比英国空军强多少,也无法对英国连续发动英国人最害怕的大规模轰炸机空袭。此外,德国空军的战斗机数量更不比英国空军多多少。

德国空军阿尔贝特·凯塞林元帅和胡戈·施佩勒元帅指挥德国第二航空队和第三航空队分别以法国东北部、北部、西北部和低地国家为基地向英国发动攻击。航空队是一种配置齐全的空军编制,尽管参战的德国航空队都有在波兰、西欧等地有力支援过陆军作战的经验,但在纯空战方面的经验是不足的。各航空队之间没有统一任务,都是分别提交作战计划,并各自为战。

1940年8月10日攻势全面展开前,德国第二航空队和第三航空队共计有高空水平轰炸机八百七十五架、俯冲轰炸机三百一十六架。其中,俯冲轰炸机极易成为英国战斗机的靶子,因此不得不

第8章 不列颠战役

在1940年8月18日撤出战斗,仅充当进攻预备队。

此外,拥有一百二十三架高空水平轰炸机的德国第五航空队在施通普夫将军的指挥下分别从挪威、丹麦出击,参加了1940年8月15日的战斗。然而,由于损失惨重,第五航空队不敢继续这样进攻。不过,它毕竟还是露了个面。因此,对于第五航空队,英国空军战斗机司令部不敢掉以轻心,只得从宝贵的战机中分出一部分来守卫英国东北部地区。德国第五航空队还在1940年8月晚些时候为第二航空队和第三航空队提供了大约一百架轰炸机作为补充。

1940年8月10日,德军共有九百二十九架战斗机可以全部投入作战——其中大多数是单发的Me-109战斗机,另外还有二百二十七架航程相对更远的双发Me-110战斗机。Me-109战斗机的原型机早在1936年就研制出来了,最高时速可达每小时三百五十英里,并且因为爬升率较高,所以面对英军战机时就更有优势。但它的最小转弯半径和操控性都不如英军战机。此外,它虽然装备了英国战斗机缺乏的防弹油箱,却没有英国战斗机配备的装甲座舱。

单发战斗机航程有限是德国空军的致命性劣势。德国官方数据显示,Me-109战斗机的巡航航程是四百一十二英里,但考虑到往返飞行的各种状况,作战半径就只有一百多英里了[①]。若Me-109战斗机从加莱海峡[②]或科唐坦半岛起飞,只能勉强飞到伦敦上空进行短时间的战斗。换句话说,其巡航时间只有大约九十五

---

① 实际影响飞机航程的因素还包括飞行高度、执行任务的滞空时间等。——译者注
② 加莱海峡是法国对多佛尔海峡的称呼,泛指该海峡靠近法国一侧。——译者注

分钟,战术飞行时间更是只有七十五分钟至八十分钟。轰炸机非常脆弱,很容易被击落,因此在执行轰炸任务中必须有战斗机护航。为了保证能用两架战斗机护航一架轰炸机,每天轰炸英国南部地区军事目标的轰炸机数量只能控制在三百架至四百架之间。

Me-109战斗机的起降控制性能不好,起落架很脆弱。德国在法国海岸搭建的粗糙的简易机场更是加剧了德国战机的"起飞难"问题。

双发的Me-110战斗机虽然号称最高时速为每小时三百四十英里,但实际上慢得多——通常每小时只能飞三百英里,甚至更慢。英国的喷火战斗机很快就能追上加速缓慢、动作笨拙的Me-110战斗机。Me-110战斗机本该作为"德国精锐战斗机"出现在战场上,但性能上差得不行,最后竟要沦落到依靠Me-109战斗机伴飞保护的境地。

但德国战斗机最严重的缺陷其实是机载无线电设备过于简陋。虽然德国飞行员可借助无线电话机互相联系,但其性能不如英军的同类装备,德军也无法从地面控制这些飞机。

1940年7月中旬,英国空军在法国损失了四百多架战斗机后,历经重组,战斗机数量已经恢复到六百五十架。这个数量和5月希特勒进攻西欧时实力大致相同。英国战斗机大多是"飓风"式战斗机和"喷火"式战斗机,另外还有一百多架老式战斗机。

1940年5月被丘吉尔任命为飞机制造大臣的比弗布鲁克勋爵威廉·艾特肯为英国空军快速恢复元气立下了汗马功劳。批评者抱怨比弗布鲁克勋爵威廉·艾特肯的"蛮横"干预不利于飞机工业的长期发展。但英国空军战斗机司令休·道丁上将声明:"任

第8章 不列颠战役

命比弗布鲁克勋爵威廉·艾特肯担任飞机制造大臣的结果堪称神奇。"1940年仲夏,英国战斗机产量增加了二点五倍。英国在1940年生产了四千二百八十三架战斗机,而德国同期单发战斗机、双发战斗机的产量才刚刚超过三千架。

双方武器装备的性能高下较难确定。英国的"飓风"式战斗机和"喷火"式战斗机都装备了操纵性能可靠、每分钟射速超过一千二百六十发的美制勃朗宁机枪,并且在每架战斗机的机翼上都安装了八挺;而德国Me-109战斗机一般是在机头安装两挺机枪,在机翼上则安装两门二十毫米机炮。在西班牙内战积累的经验促使德国空军着重发展二十毫米机炮。Me-109战斗机及已经被淘汰的早期型号的战斗机都在西班牙战场上经历过磨炼。

德军王牌飞行员阿道夫·加兰德后来回忆时确信Me-109战斗机的性能较好。英国人则意见不一:有人说勃朗宁机枪射速快,打短点射时火力持续性好;有人认为虽然在同样的时间内勃朗宁机枪能发射数量更多的机枪子弹,但杀伤力远不如德国战斗机发射的机炮炮弹强——有些英国飞行员甚至抱怨说击中目标后对方"毫发无损"。不过,还是有大约三十架"喷火"式战斗机在不列颠战役期间各装备了两门二十毫米的"厄利孔"机炮。1940年10月开始,英国空军又用上了装备四门机炮的"飓风"式战斗机。

战幔初开,英军很快发现德国轰炸机的自卫火力十分薄弱,它们大多只配备几挺机枪,如果没有战斗机护航,则对英军战斗机几乎不构成威胁。

在不列颠战役早期,德军飞行员的实力是占优的。不过,整体而言,双方飞行员之间的实力对比比较复杂。英军对战斗机飞行员

培训要求高,因此飞行员培养速度慢,出现了严重缺乏飞行员的问题。甚至可以说,英国空军飞行训练学校培养飞行员进度缓慢这一不利因素很大程度上决定了不列颠战役的进程。休·道丁并不担心损失战斗机,只担心损失宝贵的飞行员。为了把飞行员的损失降到最低,在某些时候他甚至不得不"放任"德军轰炸得逞。

1940年7月,休·道丁用保护策略拯救了一大批英国战斗机飞行员的生命。8月初,英国已经拥有一千四百三十四名战斗机飞行员,其中六十八人是从海军的舰载机飞行员那里"借调"来的。但到了9月,战斗机飞行员数量又下降到八百四十人,即平均每周损失一百二十人。在此期间,皇家空军作战训练队仅培养出二百六十名战斗机飞行员。9月,飞行员短缺越来越严重。此时,一大批技术高超的老飞行员在作战中阵亡,而经过填鸭式培训的菜鸟飞行员又没有作战经验,在战斗中往往更加脆弱。赶来替换的战斗机中队往往比疲惫不堪的旧中队的损失还要大,很多飞行员还出现了士气下降、精神紧张等问题。

开战初期,德军没有那么严重的飞行员短缺问题。尽管1940年5月到6月德国在西欧战场上损失了一大批飞行员,但德国新培养出的飞行员数量还是比前线飞行中队需要的多。不过,德国战斗机飞行员的士气却因戈林和其他德国空军高层仅把战斗机部队当作"次要的、防御性的"兵种看待而大受影响。不仅如此,很多优秀的战斗机飞行员还因轰炸机飞行员损失惨重而奉命改行开起了轰炸机。戈林总是将自己的鼠目寸光、部署错误归咎于"德国战斗机飞行员的拼劲不足"。相比之下,英国战斗机飞行员的情况则完全不同,他们是丘吉尔口中"光荣的少数人",是英国

第8章 不列颠战役

空军旗帜下的"空军精英",更是英国民众心中的民族英雄,士气别提多高涨了。

因为被护航任务搞得筋疲力尽,德国战斗机部队日益感到心力交瘁——有时每个飞行员每天要飞两至三个架次,多的时候甚至要飞五个架次。戈林不允许战斗机飞行员休假,更不允许转调轮换。因此,德国战斗机飞行员除了因执行任务而疲惫不堪,更因损失日益严重而感到压力重重——谁知道下一个回不来的是不是自己?1940年9月,德国战斗机飞行员的士气更加低落。德国战斗机飞行员甚至开始怀疑:眼下战备工作既不周全也不顺利,所谓的"进攻英国"是否只是一个让他们白白牺牲并为放弃进攻计划而保住脸面的骗局?

德国轰炸机飞行员依旧损失惨重,他们自知难逃皇家空军战斗机截击。虽然他们仍一如既往地英勇作战,但士气十分低落。

总而言之,在不列颠战役初期,在技术和士气上,德国空军和英国空军是差不多的。不过,随着战事的推移,英国空军凭着"敌人比我更疲惫、损失更大"的信念拖着疲惫的身心顶住损失作战,终于后来居上。

德国在不列颠战役中常常面临情报不足的困境。德国空军组织攻势的基本教程是一本在战前问世、叫《蓝色研究》的小册子。这本小册子里囊括了所有英国工厂的位置和布局的资料,还有德国以"民用航线试飞"为借口航拍侦察英国的成果,同时辅以一份叫施密德的少校领导的德国空军情报部门在1940年7月对《蓝色研究》做的很不充分的补充材料。施密德少校和他的团队严重低估了英国的战斗机生产能力。他认为英国战斗机产量仅为每月一百八十架至

欧陆争夺：希特勒的狂飙突进

三百架。但事实上，仅在1940年8月到9月的不列颠战役期间，英国的战斗机凭借比弗布鲁克勋爵威廉·艾特肯的加速计划，月产量就已经升至四百六十架至五百架，并且都是先进的"飓风"式战斗机和"喷火"式战斗机。而恩斯特·乌德特[①]将军在生产部的报告中一味强调英国战斗机的缺点，对其优点却只字不提。这种错误的行为更是加深了德军对英国战斗机的错误认知。

施密德少校对英国以雷达站、操作室和高频雷达网等设施构成的结构严密的对空防御系统也是只字未提。英国设在萨福克郡鲍德西的雷达研究所和英国沿海地区高耸的雷达天线早在战前就确保了英国对空情报的获取能力。1939年的德军不可能对此一无所知。德国早在1938年就知道英国在试验雷达，甚至于1940年5月还在布洛涅的海滩上缴获了一座英军移动雷达站，而德国科学家认为这种装备简直"粗糙"极了。但德国在大战初期竟然对英国的雷达告警系统的主要特点知之甚少，令人匪夷所思。因为法国疏于情报安全管理，德国在占领法国各主要地区后，想进一步获取英国雷达的相关情报简直易如反掌。但德国人看上去对雷达并不怎么上心。戈林本人更是看扁雷达的战争潜力。

直到1940年7月，德国才在法国沿海建设了无线电监视站，通过截获的英国信号发现自己正面对英国某种重要的新式武器。德国空军主官甚至低估了英国雷达的监测距离和精度，也没有对英国雷达采取任何干扰或破坏手段。后来，当德国空军主官发现英

[①] 恩斯特·乌德特（1896—1941），第一次世界大战期间德国王牌飞行员，第二次世界大战期间曾主管德国空军的武器生产。因职位压力过大，加之与戈林意见不合，他于1941年11月17日自杀身亡。——译者注

第8章 不列颠战役

国战斗机是由地面雷达引导作战时非但没有感到不满,反倒认为这会让英国战斗机司令部指挥不灵。只要德国空军集中兵力发动大规模空中突击,就能一举击毁英国的雷达系统。

为了鼓舞士气,英国和德国双方都会在交战后夸大战果,这却给德国空军作战造成了阻碍。德国空军情报部门最开始准确预计到休·道丁麾下有大约五十个装备"喷火"式战斗机和"飓风"式战斗机的中队,共有大约六百架飞机。其中大都部署在英国南部,有四百架至五百架。但开战后,德国对英军战斗机数量的估计同时受到己方夸大战果和低估英国战斗机产量的双重影响,造成了严重的误判。德国飞行员发现英国飞机似乎总也打不完,击落的数量甚至超过了他们事先知道的英国战斗机保有量。德国飞行员对此感到大惑不解,进而导致士气低落。

德国空军主官"失算"的另一个原因则与他们的习惯有关:每轰炸一个英国战斗机基地,无论结果如何,他们都用红铅笔在地图上标记着该基地的位置画一个叉。这种不根据实际结果就胡乱判定战果的行为与拙劣的战场航拍技术及主观上的盲目乐观有关。例如,1940年8月17日,德国空军曾估计自己"永久摧毁"了十一个英国机场,而实际上这十一个机场中受损最严重的曼斯顿机场也不过是瘫痪了一段时间而已。此外,德国空军因徒耗精力频频轰炸一些没有部署战斗机的机场,反而放过了一些重要的英国空军分区指挥部,例如比根希尔、肯利和霍恩彻奇,等等。德国空军甚至没发现英国空军分区指挥部就建在平地上,几乎很容易就被消灭。1940年8月,德国空军曾重创过英国空军分区指挥部,但并没有将其彻底摧毁。

恶劣的气候条件又给德国空军的进攻造成了困难。英吉利海峡上空恶劣的气候常常不利于空袭。因为气候变化通常是自西向东，所以气候变化往往先被英国人感知到。虽然德国能破解英国从大西洋上发回本土的气象加密电报，但窃听行为又总被英国发现，真正受用的也不多。德国轰炸机和战斗机的集结时间一再因为低能见度和意外出现的云层被打乱。法国北部上空的云层和比利时上空的云层对轰炸机飞行有干扰，德军机组又缺乏在相关条件下进行导航的能力。等飞到集结空域时，飞机已经耗费了不少燃料。

然而，德国战斗机较短的航程又经不起如此迁延，只能先护送已经到达的轰炸机执行任务。如此一来，总是有些轰炸机编队拥有数量翻倍的护航战斗机，而另一些编队要在完全没有战斗机护航的状况下执行任务，自然会蒙受惨重的损失。秋天一到，天气状况变得更加恶劣，德军面临的困难陡然增加，受到的损失就更大。

不过，德军也从周密的救援计划中获益匪浅。起初，英军的海空救援工作是杂乱无序的，能否真正救起落海的飞行员完全靠运气。1940年8月中旬的空战大多在英吉利海峡上空进行，杂乱无序的救援行动增加了英军飞行员的伤亡。德军的救援工作则组织得较好。

德军三十架"亨克尔"水上飞机投入救援任务，并且德国空军的机组人员都配备全套橡皮艇、救生衣、信号枪和能把落水地点周围的海水染绿从而方便定位的染色剂。如果德军飞机迫不得已要在海上"迫降"，飞行员还有四十秒至六十秒逃出飞机的时

第8章 不列颠战役

间。若不是有完善的救援措施撑腰，德国空军飞行员的士气恐怕会下降得更快。

除了皇家空军的战斗机，德军飞机还要面对英国防空部队装备的可怕的高射炮。这些高射炮在配属上和编制上属于陆军，同当初随远征军出征西欧的防空部队一样，但作战时则听从皇家空军战斗机司令部的调遣。即便高射炮没能在不列颠战役中打下多少德国轰炸机，但还是从心理上震慑了德国入侵者，打乱了他们的队形，令德军的轰炸大失水准。

陆军中将弗雷德里克·派尔担当陆军高射炮部队司令。他是炮兵出身，1923年转调至当时正式成为常备军的皇家坦克团。不久，弗雷德里克·派尔成为建设装甲机动部队的积极倡导者。但1937年晋升少将后就被陆军委员会调到第一高射炮兵师当师长，管理的辖区涵盖伦敦和英国南部地区。

1938年，英国的高射炮兵师数量从两个扩充到五个，后来增加到七个。在战争爆发前夕的1939年7月底，绰号"提姆"的弗雷德里克·派尔升职，统管所有高射炮兵师及其他保卫机场等要地免受德军低空袭击的轻型高射炮兵阵地。

对付德军低空袭击的另一个有效措施是建设拦阻气球阵地。拦阻气球形似香肠，用钢缆固定在离地五千英尺①的高空。这些拦阻气球由空军提供，虽然隶属战斗机司令部，但各自独立运行。

战前，陆军委员会对于扩编本土高射炮兵部队事务的态度最好不过是"勉强同意"，更多是强烈反对。陆军委员会认为强化

---

① 英尺，英制长度单位，一英尺约等于零点三米。——译者注

欧陆争夺：希特勒的狂飙突进

高射炮兵部队就意味着削弱陆军部队的战斗力。弗雷德里克·派尔试图扩编高射炮兵部队的努力常常在陆军部遭遇很大阻力，他本人也因此被陆军部"打入冷宫"，断送了原本可以重返陆军主力部队的大好前程，连晋升的机会都没有了。但弗雷德里克·派尔竟同个性难与他人相处的休·道丁关系融洽，合作默契——大不列颠真是幸运之至！

1939年9月初，战幕初开，获准成立的陆军高射炮兵部队司令部拥有两千两百三十二门重型防空炮，这几乎比两年前被否决的"理想计划"中要求的数量翻了一番。另有一千八百六十门轻型防空炮和四千一百二十八个探照灯。不过，因为犹豫和拖延，开战初期仅有六百五十九门重型高射炮和二百五十三门轻型高射炮部署完毕，这分别仅占到重炮保有量的三分之一和轻炮保有量的八分之一。但无论如何，这也比一年前"慕尼黑事件"时好得多，当时，英国仅有一百二十六门重型高射炮就位。探照灯的情况稍微好些。官方统计的数量是两千七百个探照灯已经就位，这超过了探照灯保有量的三分之二。

这时又出现了新问题：英国海军部临时要求调拨二百五十五门重炮保卫六个舰队港口。战前，海军部曾对舰艇上的高射炮信心十足，觉得仅靠它们就能打退敌机空袭，因此便没有提出过类似要求。但现在，海军部希望至少能用九十六门高射炮保护位于福思湾的罗赛斯军港。这个数字与当时英军保护整个伦敦的高射炮数量相同，更是保卫德比——罗尔斯-罗伊斯发动机工厂所在地——的高射炮数量的四倍。

1940年4月奉命前往挪威的英国远征军借调并消耗了大量各式

第8章 不列颠战役

高射炮。而6月法国沦陷时,德国对英国形成了从挪威到布列塔尼的环形包围圈,英国本土防空形势急剧恶化。

当时,英国陆军高射炮部队司令部共有一千二百零四门重型高射炮和五百八十一门轻型高射炮可供调遣——重型高射炮的数量比起战争刚刚爆发时几乎翻了一倍,而轻型高射炮则翻了一倍多。若非各种各样的消耗,情况还会更好一些。在接下来的五个星期,陆军高射炮部队司令部又获得了一百二十四门重型高射炮和一百八十二门轻型高射炮的支援,但其中近半重型高射炮和近四分之一轻型高射炮要么必须用于训练,要么必须外派到因意大利加入轴心国阵营而受到威胁的海外战场。1940年7月底,英国防空部队拥有的重型防空炮仅满足战争刚爆发时估计的必要数量的一半,轻型防空炮数量只有必要数量的三分之一。但当时的战略形势远比设想的严峻。探照灯数量倒是比较充足,已经基本满编。但随着局势变化,探照灯的需求量也大幅增加。

不列颠战役开始之初,德军按计划空袭了英吉利海峡里的英国军舰和海港,还不时设法诱使英国战斗机出战。截至1940年8月6日,德国空军负责空袭行动的主官阿尔贝特·凯塞林和胡戈·施佩勒始终没有收到高层关于发动进攻的详细指示——这正好解释了德军早期作战部署如此令人费解的原因。①

德军对英国军舰的定期轰炸始于1940年7月3日。7月4日,八十七架德国俯冲轰炸机在Me-109战斗机的保护下轰炸了波特兰

---

① 弗雷德里克·派尔给我送来了德军空袭情况的每日报表,希望我能帮忙发现一些规律,但我也没能从中找到德军的明显意图或迹象。——原注

港，但收效不大。7月10日，德军派出的小股轰炸机部队在大批战斗机护航下轰炸了多佛沿海的一支英军护航舰队。值得注意的是，德军派出的Me-110战斗机远非英国"飓风"式战斗机的对手。7月25日，英军护航舰队在同一海域再次遭袭。英国海军部决定让护航舰队夜间通过英吉利海峡，但又因德军对驱逐舰发起的一些轰炸得手，不得不将原驻多佛的驱逐舰撤到朴次茅斯。8月7日晚，德国设在维桑山上的雷达锁定了另一支英军护航舰队的航行路线，并于8月8日派出好几批由战斗机护航的轰炸机编队对该护航舰队实施轮番轰炸，最多的一批多达八十架飞机。德军以损失三十一架飞机的代价共击沉了英军七万吨舰艇。

1940年8月11日，英国空军在混战中损失了三十二架战斗机。自7月3日到8月11日，德军损失战斗机、轰炸机共计三百六十四架，英军损失战斗机二百零三架。不过，这点损失英国工厂只需生产一周就能弥补。

1940年8月1日，希特勒总算下达了让德国空军"尽快把英国空军全部歼灭"的命令。戈林和德国空军主官经过多次商讨，将大规模空中攻势定在代号为"鹰日"的8月13日展开。德国空军对不列颠战役初期战果的过高估计让戈林相信，只要给他四天好天气，德国空军就可以掌握空中优势。然而，到了8月13日这一天，天气竟然比预期更快地由好转差了。

即便如此，德军还是在"鹰日"当天轰炸了位于英格兰东南的英国战斗机基地和雷达站。英军在曼斯顿、林普尼和霍金奇的前进机场也遭到严重损毁，一些雷达站也被炸瘫，几小时内都无法再运转。英军设在怀特岛上的文特诺雷达站更是被彻底摧毁。

第8章 不列颠战役

英军其他发射机还在发送信号,德军对此浑然不觉。高大的雷达天线塔往往吸引了德军俯冲轰炸机飞行员投弹,因为他们并不知道发射塔被炸坏只需更换一座就可让整个雷达站继续工作,更不相信核心的雷达操作室就是发射塔旁边的地面建筑,还以为英军把操作室都建在了炸弹奈何不得的地下。在此还要特别提到英国空军妇女辅助部队的女雷达员:她们总是会冒着炮火报告空袭情况——除非雷达站也被一起炸掉。

英国东南部地区上空厚厚的云层迫使戈林把主攻推迟到下午进行,但有几个轰炸机编队没有收到推迟信号,还是按照原定计划进行轰炸,结果因为和大部队脱节而白费功夫。等到下午德军主攻发起时,又因为这部分编队的缺席而兵力不足,空袭效果大打折扣。一天之内,德军出动飞机一千四百八十五架——比英军多一倍,损失飞机四十五架。德军自称击落英军飞机七十架,实际的数字仅为十三架。

主攻刚开始时,德军白费力气地攻击了很多并不关键(不属于战斗机司令部)的机场。由于轰炸机编队和护航战斗机之间配合不默契,又造成了一些不必要的损失。

1940年8月14日,天空云层密布,德军被迫将轰炸密度减少到8月13日的三分之一。8月15日天一放晴,德军随即发动了整个不列颠战役中最大规模的空中攻击波——德军共出动飞机一千七百八十六架,其中轰炸机五百多架。德军首先攻击了位于霍金奇和林普尼的英军机场。比较重要的霍金奇机场受损不大,林普尼机场则因这次攻击瘫痪两天。

1940年8月15日下午,德国第五航空队的一百多架轰炸机编成

两队,跨过北海,轰炸了英军在纽卡斯尔附近和约克郡的机场。两个编队中较大的一个从挪威的斯塔万格机场飞出,由六十五架轰炸机和负责护航的三十五架Me-110战斗机(保护作用甚微)组成。这个机群遭到了英国第十三战斗机大队和高射炮的顽强抵抗,非但没有对英国造成什么严重破坏,反倒被击落了十五架飞机,而英国空军无一损失。德军从丹麦奥尔堡起飞的规模较小的轰炸机编队由五十架没有护航战斗机伴随的轰炸机组成,遭到英国第十二战斗机大队下属的三个战斗机中队的拦截。很多德国轰炸机都侥幸逃过了拦截,并对位于约克郡德里菲尔德的英国空军基地造成了很大破坏。德军在进攻中损失了七架轰炸机,返回时又损失了三架。

在距离德军更近并且受到更多、更猛烈攻击的英国南部地区,英军的防御就没有那么成功了。1940年8月15日午后,德军派出三十架轰炸机和大批护航战斗机飞临罗切斯特上空,攻击了肖特飞机工厂。另有二十四架德军轰炸机攻击了英军设在萨福克郡马特尔舍姆荒原的英国空军战斗机机场,并对这里造成了严重破坏。德军密集的机群扰乱了雷达图像,英国战斗机中队则不得不来回攻击敌人。

幸运的是,德国第二航空队和第三航空队步调并不一致,没能使英国空军战斗机疲于奔波的状态持续太久。德国第三航空队约两百架飞机直到1940年8月15日18时才越过英吉利海峡攻击南英格兰中部地区的英军机场。在良好的雷达预警系统的支持下,守卫英国南部的第十战斗机大队和第十一战斗机大队至少派出了十四个中队——约一百七十架飞机——迎战德国第三航空队,使

第8章 不列颠战役

德国第三航空队的战果大大削弱。不久，德国第二航空队再次派出约一百架飞机轰炸了英国东南部地区。英军反应及时，德军空袭收效甚微。地面上的英军战斗机要么被及时疏散，要么被精心伪装，这也让飞到目标上空的德军轰炸机无从下手。

1940年8月15日，德国在英国上空损失了七十五架飞机，而英国仅损失三十四架战斗机，这或许是不列颠战役最具决定性的一天。值得注意的是，德国空军此时动用的轰炸机数量仅占出动飞机总数量的一半不到，当然，德军几乎已经投入了所有战斗机。这说明德军间接承认了轰炸时护航战斗机伴随的必要性。这一天的作战也充分证明了，打遍西欧大陆无敌手的德国"斯图卡"式俯冲轰炸机和曾被寄予厚望的Me-110战斗机并不适合执行当前的任务。

丘吉尔触景生情："在人类战争历史上，从来没有这么少的人为这么多的人做出过这么大的贡献。"

1940年8月16日，德国空军误以为"在前一天的作战中击落了一百多架英军战斗机，此时英国应该只剩下三百多架战斗机了"，于是便又发动了一次强力攻势。虽然德国空军对几个地方造成了毁灭性打击，但整体上的战果是令人失望的。随后，尽管8月17日的天气很好，德国空军却没有再发起大规模进攻。8月18日，德国发动了一次更加强大的空中攻势，并因此损失了七十一架飞机，其中一半为轰炸机。英国空军损失了二十七架战斗机。从此，德国的空中进攻就逐步减少了。德国空军飞机开始降低至雷达侦测高度以下飞行，轰炸了肯利和比根希尔，给英军地面设施造成了巨大破坏，使英军难以招架。但德国对这么大的战果浑

然不觉，没能掌握情况，只觉得自己整体损失太大，难以持续。加之英吉利海峡上空天气日渐恶劣，因此双方不得不偃旗息鼓，暂时停战。

1940年8月19日，戈林召集空军主官开会，经讨论后决定攻势继续。目标只有一个——一定要打垮英国的战斗机部队。

1940年8月10日之后的两个星期，德国空军共损失轰炸机一百六十七架，其中包括四十架俯冲轰炸机。轰炸机指挥官们因此要求提供更强大的护航战斗机力量。戈林总是帮轰炸机部队一味指责战斗机部队，这使两股势力之间的摩擦越来越严重。

英军高层内部此时同样争吵不断。最激烈的争吵来自指挥第十一战斗机大队保卫英格兰东南部地区的基思·罗德尼·帕克少将和指挥第十二战斗机大队保卫英格兰中部地区的特拉福德·利-马洛里少将。基思·罗德尼·帕克认为从正面迎头打下德国轰炸机是至关重要的，能迫使德国空军投入更多的Me-109战斗机执行并不擅长的短距离护航任务。而特拉福德·利-马洛里则认为这一策略会让飞行员在地面加油时或在起飞爬升阶段来不及拉高就被德国空军攻击，进而给皇家空军带来巨大压力。

此外，基思·罗德尼·帕克少将与特拉福德·利-马洛里少将还在战术运用上存在分歧。特拉福德·利-马洛里及其支持者认为应采用"大机群"密集截击德国轰炸机群；而基思·罗德尼·帕克及其支持者则坚持在雷达系统的辅助下采取"打了就跑"的"小机群"战术。

还有人批评休·道丁和基思·罗德尼·帕克为了维持民众的斗志和信心，在保卫东南地区前进机场一事上过于费心。他们认

第8章 不列颠战役

为更明智的策略是把战斗机都撤到德国空军飞机航程之外的伦敦后方去。

从1940年8月8日到18日,英国战斗机司令部损失了九十四名飞行员,另有六十名飞行员受伤。在此期间,英国损失战斗机一百七十五架,重伤六十五架,另有三十架被德国空军摧毁在地面上。不过,目前英国空军暂时还不缺战斗机。

1940年8月24日,天气状况有所改善,戈林做了第二次争夺制空权的努力。这次德国空军的计划更加周密:阿尔贝特·凯塞林指挥德国第二航空队常在英吉利海峡的法国一侧上空部署疑兵,以便使基思·罗德尼·帕克分心——因为当时的雷达还不具备从众多光斑中分辨出战斗机和轰炸机的能力,也无法预测哪些飞机会在下一个瞬间突然改变航向冲过英吉利海峡。英国第十一战斗机大队的前进机场遭到比之前更加严重的破坏。英国空军被迫放弃了设在曼斯顿的机场。

德国空军空袭的另一个新特点是对伦敦附近皇家空军据点和设施的密集轰炸。有时,德国空军飞行员会误把炸弹扔进伦敦市区。1940年8月24日夜,一个规模在十架左右的德国轰炸机群[①]原本打算轰炸罗切斯特和泰晤士港,却因迷路而不得不把炸弹倾泻到伦敦市区。8月25日夜,英国派出八十架轰炸机以轰炸柏林作为回敬。后来,英国空军又轰炸了几次柏林。希特勒对英国发出的多次威胁和警告都置之不理,下令轰炸伦敦作为报复。

为了增强在加莱海峡一带的战斗机护航力量,德国空军在发

---

① 有些资料称是十二架。——译者注

动新一波攻势前把大部分Me-109战斗机从第三航空队调到了第二航空队。这一举措后来使英国空军战斗机在与德国空军护航战斗机的纠缠中遭受了更惨重的损失,而德国空军轰炸机则有更大概率突防并投弹。德国空军还发明了机队在集中突破雷达监测区域后迅速散开并化整为零发动袭击的新战术。

1940年8月24日,德国空军新一轮攻势开始。英国空军在北威尔德和霍恩彻奇的分区指挥部因有高射炮保护而幸免于难。朴次茅斯市区则遭到了巨大破坏。不过,同样多亏了高射炮,保住了朴次茅斯船厂。此后,德国第三航空队转而对英国发动夜袭。它从8月28日起连续四晚夜袭利物浦。然而,德国第三航空队一方面训练不足,另一方面受导航波束发动的干扰,最终没有找到默西赛德郡的位置。同时,英军应对夜袭能力不足的缺点也暴露出来。

1940年8月的最后两天是英国战斗机司令部的不幸之日。德国空军转而采用十五架轰炸机至二十架轰炸机为一个单位的小编队发起轰炸,这种小编队的护航战斗机的数量比轰炸机大约多两倍。8月31日,英国空军损失了三十九架战斗机,遭受了整个不列颠战役中最惨重的损失。德国空军损失各式军机四十一架。英国空军损失惨重,逐渐无力支撑,对德国空军的防御力量开始下降。英国西南部地区的大部分机场都遭到了严重破坏,有的机场甚至已经不能使用。

当时,连休·道丁本人都在纠结要不要把战线后移到Me-109战斗机的航程之外。他因把二十个中队的重兵集结在仅挨了一次昼间轰炸的英国北部而招致越来越严厉的批评。此外,保卫东安格利亚和英格兰中部地区的第十二战斗机大队要求"直接参

第8章 不列颠战役

战",但基思·罗德尼·帕克抱怨第十二战斗机大队不按自己力主的战法合作。基思·罗德尼·帕克和特拉福德·利-马洛里的矛盾及休·道丁本人和英国空军参谋长西里尔·纽沃尔之间的摩擦都没法使眼前的问题得到顺利解决。

在1940年8月的战斗中,英国战斗机司令部损失了"飓风"战斗机和"喷火"战斗机共计三百三十八架,另有一百零四架受损严重。德国空军则损失一百七十七架Me-109战斗机,另有二十四架战斗机受损严重。双方在战斗机损失方面打成了二比一。英国还由于其他原因损失了四十二架战斗机,德国也由于其他原因损失了五十四架Me-109战斗机。

据此,戈林相信自己即将在1940年9月初达到消灭英国东南部地区战斗机部队及其配套设施的目标。然而,戈林没能抓住扩大自己已经取得优势的机会。

1940年9月4日,德国空军转而攻击英国设在罗切斯特的肖特飞机厂和布鲁克兰的维克斯-阿姆斯特朗工厂。德国空军的空袭卓有成效,但对英国战斗机司令部所属战斗机机场的压力有所放松,攻击次数也不如之前密集。英国战斗机飞行员长吁一口气。此时,他们的神经已经接近崩溃,战绩也少了很多。

休·道丁抓住了问题的本质:当前应集中战斗机全力保护英国南部的战斗机工厂。两天后,英国空军不仅拦截了德国空军对布鲁克兰的攻击,还拦截了德国空军对英国其他五个分区指挥部的攻击。

1940年8月24日至9月6日,英国共损失战斗机二百九十五架,另有一百七十一架受损严重。其间,英国通过维修和建造又获得

欧陆争夺：希特勒的狂飙突进

了二百六十九架可用的战斗机。德国Me-109战斗机损失量仅为英国战斗机的一半，但另有一百多架轰炸机被击落。

德国空军的损失和渴望增强战斗机护航力量的日渐强烈的呼声正严重制约着其战斗机队作战效能的发挥。德国空军对英国的轰炸虽然一度猛增至一天一千五百架次——1940年8月最后两天回降至一千三百架次至一千四百架次，但9月第一周没有一天高于一千架次。

至此，不列颠战役已经不再是希特勒梦中的"进攻战"，而变成了一场消耗战。在开战的前两个月，德国共损失了八百多架飞机。负责主攻的阿尔贝特·凯塞林第二航空队现在只剩四百五十架轰炸机和五百三十架Me-109战斗机可供调遣。至不列颠战役第三阶段的末尾，胜利的天平已经开始向英国一边倾斜。德国空军在不列颠战役第四阶段改变作战策略的做法更是帮了英国人大忙。①

1940年9月3日，戈林再次在海牙与德国空军主官开会，并做出了执行阿尔贝特·凯塞林从一开始就支持、希特勒批准的"昼

---

① 不列颠战役共分为四个阶段：1940年7月10日到8月23日为第一阶段，德国空军在这一阶段主要攻击英国在英吉利海峡的护航舰队和港口，诱使英国战斗机部队出击决战。1940年8月24日到9月6日对英国空军军事目标的重点攻击为第二阶段，而从德国空军对伦敦发动一系列大规模空袭开始，标志着不列颠战役进入第三阶段（第二阶段和第三阶段存在日期重叠）。另外，意大利空军也在10月25日加入了轰炸英国的行列。1940年底到1941年6月是不列颠战役的第四阶段。在这一阶段，德国空军对英国城市的空袭从伦敦扩大到英国各大工业城市，最典型的案例之一就是后文提到的"月光奏鸣曲行动"。1941年6月22日，希特勒发动侵苏战争，德国空军力量大都东调，无暇西顾，不列颠战役正式结束。——译者注

第8章 不列颠战役

间轰炸伦敦"方案的决定。德国空军将轰炸开始的日期定在了1940年9月7日。

同时,德国第三航空队尚存的三百架轰炸机被定为夜间轰炸力量。这正符合一向主张轰炸船舶和港口的胡戈·施佩勒的心意。同时,胡戈·施佩勒也对能否击败英国战斗机部队并摧毁其机场越来越怀疑。

1940年9月7日下午,德国空军派出由六百四十八架战斗机护航的三百多架轰炸机浩浩荡荡杀向伦敦。戈林和阿尔贝特·凯塞林站在位于维桑和加莱之间的白鼻海角高高的山崖上,目送着机群出发。德国空军机群的飞行高度保持在一万三千五百英尺至一万九千五百英尺之间,分作两组,呈编组严密的梯形编队飞行。这次,德国护航战斗机采用了新的战术。护航战斗机大体分为两组:一组护航战斗机爬升到两万四千英尺至三万英尺高空居高临下;另一组则散开在轰炸机周围,对轰炸机严加保护,彼此距离仅约三百码[①]。

英国空军难以应对德国空军的新战术,但德国空军在这次轰炸中动用这么厉害的战术实属小题大做。当时,英国第十一战斗机大队指挥部的防空指挥官预测德国空军会攻击纵深的英军分区指挥部,于是便指挥起飞的四个英国空军战斗机中队集中到泰晤士河以北地区的上空。因此,德国空军机群就这样一路毫无阻拦地杀到了伦敦上空。第一波攻击直扑伦敦码头而去;第二波攻击先轰炸伦敦中心城区,再折返轰炸了伦敦东区和船坞地带。德国

---

① 码,英制长度单位,一码等于三英尺,即大约零点九一米。——译者注

欧陆争夺：希特勒的狂飙突进

空军的轰炸不如预想中那么精确。许多轰炸机投弹准头不够，把炸弹投到了人口密集的伦敦东区。当地居民伤亡惨重。整个不列颠战役中，德国空军只对伦敦进行过唯一一次昼间空袭，炸死平民三百多人，另有一千三百多人受伤严重。

对于英国战斗机司令部来说，这是一个痛苦的夜晚。尽管英国战斗机中队在最后一刻终于赶到，却又被德国空军的新式战术死死挡住，仅击落德国飞机四十一架，自身也损失二十八架。其中，从诺索尔特来的由波兰籍飞行员组成的第三〇三中队[①]对德国空军的震慑最大。

伦敦东区燃起的大火成了德国空军夜袭最好的参照物。德国空军的夜间轰炸从1940年9月7日20时一直持续到9月8日5时。戈林在电话里兴高采烈地告诉妻子"伦敦烧起来了"。由于没碰到预料中的英国空军的猛烈抵抗，戈林和同僚们都以为英国战斗机部队就快被"吃干榨净"了。因此，第二天，戈林便下令扩大对伦敦的轰炸范围。

同时，德国在英吉利海峡一带集结的驳船数量也越来越多。1940年9月7日早上，英国政府发布警报：德国空军或将入侵英国。德国空军空袭接踵而至，警报覆盖面也随之扩大。一时间，

---

① 广义上讲，不列颠战役不只是英国与德国之间的战争，因为英国不仅接受了英联邦国家新西兰、加拿大等国派出的空勤人员支援，还吸纳了一大批被纳粹德国占领的欧洲国家，如波兰共和国、比利时王国、捷克斯洛伐克共和国、法国等国飞行员助战。当时，美国虽然宣布中立，但派出了飞行员前往英国助战。德国同样得到了意大利空军的帮助。第三〇三中队就是一支完全由撤退到英国的波兰飞行员组成的战斗机中队，拥有如维托尔·乌尔班诺维茨等王牌飞行员。共有十六个波兰中队参与了不列颠战役，而第三〇三中队的战绩是其中最高的。——译者注

教堂内用于报警的钟响个不停。部分平民响应号召,加入战时辅助部队。

英国缺少夜间战斗机。伦敦的防空和其他城市一样主要依靠高射炮和探照灯。1940年9月7日夜,保卫伦敦的高射炮数量只剩二百六十四门。好在弗雷德里克·派尔采取果断措施,在接下来的四十八小时内使部署的高射炮数量翻了一番。他还下令高射炮部队从9月10日夜起施行"弹幕射击①法"——只要听到风吹草动就尽可能往空中倾泻炮弹。虽然弹幕射击效率很低,但极大提升了英国民众抵抗德军入侵的信心。德国空军轰炸机也畏惧高射炮的威力,只得以牺牲轰炸精度为代价升上高空躲避炮火。

1940年9月9日下午,阿尔贝特·凯塞林对伦敦发动了第二次昼间轰炸。这次,英国第十一战斗机大队准备充分,派遣出击的九个中队都已经就位。此外还有第十战斗机大队和第十二战斗机大队助战。拦截作战很成功,大半德国轰炸机甚至没有飞到伦敦就被击落了。侥幸突防的少数德国轰炸机投掷的炸弹基本没有击中什么目标。

德国的新一轮空袭令英国战斗机司令部的压力大大缓解——原本压得战斗机司令部喘不过气来的德国空军竟然掉转枪口去轰炸伦敦了。伦敦和伦敦民众受的苦难竟然成了保全英国防卫力量的重要因素。

不仅如此,希特勒被迫因1940年9月9日那场失败的空袭而将

---

① 弹幕射击是指炮兵始终对己方步兵前方数百米外的位置进行炮火覆盖,以达到掩护步兵的效果。不过在实际应用中,利用机枪、步枪等武器,也可以组织弹幕,起到有效的防御作用。——译者注

欧陆争夺：希特勒的狂飙突进

入侵英国前的"十天警告"一再后延。此前，希特勒曾准备在9月14日警告英国，他将在9月24日发起登陆作战。

恶劣的天气缓和了伦敦上空的战局。但1940年9月11日和9月14日两天还是有很多德国轰炸机成功突防。英国战斗机的拦截行动十分混乱，这再次给了德国空军"英国战斗机司令部快完了"的错误印象。因此，尽管希特勒还是推迟了发布登陆作战警告的时间，但只往后推了三天——他准备在9月17日发布警告。

1940年9月15日是星期日。这天早晨，阿尔贝特·凯塞林发动了一次新的大规模轰炸行动。德国空军这次无论是计划还是时间估计都比之前更好。从飞抵英国沿海开始，虽然德国空军机群陆续遭到英国空军以几个中队为单位的持续骚扰（英国空军共投入二十二个中队），但仍有一百四十八架轰炸机成功突防并抵达伦敦上空。然而，这些轰炸机在投弹时遭到了干扰，炸弹落点分散，命中率不高。英国第十二战斗机大队的达克斯福德联队约六十架战斗机从东安格利亚上空飞来，赶上了准备返航的德国空军机群。虽然这些战斗机有的还没有升到足够的高度，但这么大的机队规模也把德国空军飞行员惊出一身冷汗。当天下午，德国空军轰炸机借助云层掩护再次摸到伦敦，投下的炸弹对市区——特别是人口稠密的东区——拥挤的建筑造成了很大破坏。但德国空军在当天损失了约四分之一的轰炸机，很多幸存的轰炸机被击伤——每架被击伤的飞机上至少有一人或死或伤。德国空军飞机带着满身伤痕、拖着滚滚浓烟将死伤者带回基地的场景重创了德军的士气。

英国空军部骄傲地宣称自己击落了一百八十五架德国飞机，

第8章 不列颠战役

但事后统计出的实际数字只有六十架,不到宣传数字的三分之一。英国空军损失了二十六架战斗机,被击落的飞行员半数都成功获救——同近几个星期相比损失小了很多。戈林还是一味地将责任推到战斗机部队上,同时保持着一贯的乐观腔调——"英国空军估计再有四五天就完蛋啦!"但无论是他的下属还是上级,对战局的估计都不再和他一样乐观了。

1940年9月17日,希特勒和德国海军参谋部达成共识:英国空军还没被打垮,眼下只能以恶劣天气为由把登陆作战日期改为"另行通知"。9月18日,希特勒下令不要再在英吉利海峡附近集结船舶,已经集结起来的船舶可以开始解散。此时,英国飞机已经击沉德国一百七十艘运输船中的二十一艘,击沉德国一千九百一十八条驳船中的二百一十四条。1940年10月12日,"海狮行动"已经确定将被推迟到1941年春季执行。1941年1月,希特勒下令停止除少数长期举措外所有"海狮行动"的准备工作——他绝对是要枪口转东、攻打苏联了。

戈林仍然坚持执行昼间轰炸策略,但战果一次比一次难看。除了偶尔轰炸英国边远的港口勉强得手,德国空军就只有失败而已。1940年9月25日,布里斯托附近的菲尔顿飞机工厂遭到了德国空军的猛烈轰炸;9月26日,南安普敦的喷火战斗机工厂遭袭,一度处于被毁状态。但德国空军在9月27日轰炸伦敦的尝试再次惨败。9月30日,德国空军对英国进行了最后一次昼间大轰炸,但大部分轰炸机还没飞到伦敦就被击落了。英国空军以损失二十架战斗机的代价,击落德国轰炸机四十七架。

经过1940年9月下半月的惨败后,戈林改变策略,改用战斗

轰炸机进行高空作战。9月中旬,戈林要求所有参加不列颠战役的德国战斗机部队拿出三分之一战斗机进行改装,就这样获得了约二百五十架战斗轰炸机。但德国空军已经没有时间训练飞行员了,而平时开惯战斗机的飞行员一进入战场就会把炸弹当累赘尽快甩掉后投入空战,更别说战斗轰炸机有限的载弹量根本无法造成什么大破坏。

只能说战斗轰炸机确实一度减少了德国空军的损失,并使英国空军长时间处于紧张状态。但随着时间推移,到1940年10月底,由于天气逐渐恶劣、战斗轰炸机飞行员越来越紧张疲惫和极差的机场起降条件的共同作用,德国空军的损失又回升到了原先的状况。德国空军在10月损失了三百二十五架飞机,英国空军损失的飞机数量则远比这个数字少。

现在,英国面临的唯一威胁便是德国轰炸机的夜间轰炸。自1940年9月9日开始,胡戈·施佩勒的第三航空队对英国的夜间轰炸已形成规律:伦敦每晚都要遭到平均一百六十架德国空军轰炸机轰炸,这样的轰炸持续了五十七天。

1940年11月初,戈林发布新命令:德国空军只能对英国发动夜间轰炸,并且只轰炸城市、工业中心和港口。这意味着德国的军事策略已经发生明显改变。由于德国空军从第二航空队抽调了轰炸机支援第三航空队,因此用于夜袭的轰炸机数量上升到七百五十架。德国空军每次只动用三分之一轰炸机进行轰炸。由于夜间飞行比较隐蔽,这些轰炸机便能以更低的高度、更慢的速度携带更多的炸弹飞行,每批次每晚可投弹一千吨。但轰炸精度很低。

第8章 不列颠战役

1940年11月14日,德国空军又发动了新一波攻势。第一个目标便是英国的工业城市考文垂。当时夜间有明亮的月光和"探路者"[①]部队帮助导航,但收到的效果不及德国空军后来对伯明翰、南安普敦、布里斯托、普利茅斯和利物浦的轰炸。1940年12月29日,伦敦遭到空袭,市中心受损尤其严重。但事后德国空军竟一直没有发动进攻,直到1941年3月天气好转为止。1941年5月10日是德国对西欧国家发动"闪击战"的周年纪念日。这晚,德国空军对伦敦进行了一系列猛烈轰炸,伦敦损失严重。但自1941年5月16日以后,德国在英国上空燃起的"闪电"战火正式宣告终结。从此以后,大部分德国飞机都被调往东线为入侵苏联做准备去了。

1940年7月到1940年10月底,德国对英国发动的空袭造成的破坏和混乱远比公认的严重。如果德国加大对英国工业中心轰炸的持续性、密度和频次,将会造成更加严重的后果。德国空军试图摧毁英国空军战斗机部队、打垮英国民众士气的目标都没有实现。

英国宣称,德国在1940年7月到10月底进行的不列颠战役中损失了两千六百九十八架飞机;德国则宣称英国损失了三千零五十八架飞机,这些数字其实都不正确。实际上,德国空军损失飞机一千七百三十三架,英国空军损失飞机九百一十五架。

[①] 一种给轰炸机部队配备的,专门用于寻找目标、引导轰炸的航空部队。不仅是轴心国空军,英国和美国空军轰炸机部队也配备有类似的"探路者"。——译者注

第 9 章

铁蹄下的巴尔干半岛诸国与克里特

The Overrunning of the Balkans and Crete

第9章 铁蹄下的巴尔干半岛诸国与克里特

有人声称,尽管亨利·威尔逊指挥的希腊远征军最后被德国人打得仓皇撤退,但出兵希腊还是迫使德军将进攻苏联的时间推迟了六个星期,因此派遣英军到希腊的决策是正确的。不过,以当时在开罗的联合参谋部任职、后来成为蒙哥马利参谋长的弗雷迪·德·甘冈将军为首的许多熟悉地中海形势的军人都反对这个说法。他们指责英军的希腊冒险是一次政治投机行为。他们认为,把数量不足的英军调往希腊去,不仅失去了在意大利军队败于昔兰尼加到德国援军尚未抵达前的真空期里占领的黎波里的大好机会,而且实际上不可能从德国侵略的铁蹄下保住希腊。

后来发生的很多事情都证明,这部分军人的看法是对的。希腊只坚持了不到三个星期就沦陷了,英军就这样被赶出了巴尔干半岛。而部分英军被调往希腊又使北非英军兵力不足,只能任凭德国非洲军在的黎波里登陆,最后被赶出昔兰尼加。英国吃了一系列的败仗,结果只是威信扫地、前途受阻并加重希腊人遭受的苦难而已。就算希腊战役确实推迟了德军进攻苏联的时间,也不足以说明英国政府的决策就是正确的,因为这根本就不是英国政府当时意欲达成的目标。

不过,如果我们从历史的角度研究一下德军在希腊的作战是不是真的导致其攻打苏联的日期被延迟,也能得出很有意思的结论。最有力的证据是,希特勒曾经下令让德军在1941年5月15日之前完成所有攻苏准备工作。但在1941年3月底,德军把这个"暂定时期"推迟了约一个月,最终决定在6月22日实施计划。德国陆军元帅伦德施泰特说,自己手下集团军群的准备工作正是因为投入巴尔干作战的装甲师姗姗来迟才延误的。而德军攻苏时间之所以推迟,主要原因正是德军装甲师的迟到,再加上天气状况不佳等因素的综合效果。

陆军元帅保罗·冯·克莱斯特当时是伦德施泰特麾下装甲部队指挥官,他把话说得更加直接。

> 尽管我军在巴尔干半岛投放的兵力并不占我军总兵力的很大部分,但投放的装甲力量则占到我军装甲部队总兵力的很大部分。为准备从波兰南部边境向苏联发起进攻,我需要对麾下的大部分坦克进行大修,驾驶坦克的坦克兵也需要休息。这些坦克都参加过巴尔干战役,很多坦克甚至一路开到了远至伯罗奔尼撒半岛附近,如今又要原路开回来。①

伦德施泰特和保罗·冯·克莱斯特之所以会有如此见解,是因为他们的部队要在苏德前线发动攻势,就必须把投入巴尔干半

---

① 巴兹尔·利德尔·哈特:《山那边》,第251页。——原注

第 9 章 铁蹄下的巴尔干半岛诸国与克里特

岛的装甲师调回来使用。而其他将领就不那么看重巴尔干战役的影响了。他们竟然强调称，德军攻苏战役规定的担任主攻的是位于波兰北部的陆军元帅费多尔·冯·博克指挥的中央集团军群，因此成败的关键自然是看主攻部队的进展如何。伦德施泰特的部队是助攻部队，兵力减弱一些并不会对战局起到决定性作用——因为当时苏军的调遣能力也不强。如果德国攻苏开始时伦德施泰特的兵力被削弱了，希特勒或许就不会在侵苏战争的第二阶段将大量德军调往南部战场。然而，希特勒最终还是决定分兵南部战场，致使德军没能在1941年入冬前逼近莫斯科，造成了无可挽回的后果。其实，若非万不得已，德军进攻苏联其实也不必非要等待伦德施泰特那几个被派到巴尔干作战的坦克师增援。但"延期进攻"的观点还是得到了"土地不够干燥、不宜过早发动进攻"这一论点的支持。弗朗茨·哈尔德的看法是，德军真正发动进攻前的那段时间，天气状况确实不适合进攻。

但德军将领在作战结束后的想法并不足以说明德军若不进行巴尔干半岛战役就一定会另做决定。如果德国真是因为入侵巴尔干半岛而推迟了对苏作战，那么凡是主张在伦德施泰特的装甲部队调回前就发动进攻的意见根本不会受到重视。

因此，德国推迟攻打苏联的原因绝不是因为希腊战役。希特勒在把进攻希腊列入1941年的作战计划时就已经考虑到，这次作战将成为他攻打苏联的前奏。之所以要改变进攻苏联的具体时间，是因为1941年3月27日南斯拉夫王国发生了意外政变。当时，南斯拉夫王国政府刚刚和轴心国签订条约，就被杜尚·西莫维奇

欧陆争夺：希特勒的狂飙突进

将军等人推翻了。①希特勒对这一坏消息大为光火，当天就决定大举入侵南斯拉夫王国。然而，发动一次这样的大规模进攻需要增加地面力量和空中力量的投入，这将大大超过希腊战役的规模。因此，希特勒不得不做出推迟攻打苏联这一更全面、更重要的决定。

希特勒派军进攻希腊倒不是因为英军登陆的事实，而是因为他对英军登陆充满畏惧，非要把英军赶出去才放心。英军登陆也无法阻止南斯拉夫王国和希特勒签订条约，却鼓励了杜尚·西莫维奇推翻南斯拉夫王国政府，并开始公开反抗希特勒——只是最后的结果不太成功罢了。

当时，在巴尔干半岛作战的德国第十二集团军司令威廉·利斯特的参谋长格赖芬贝格将军对巴尔干半岛战役做的综述更能说明问题。

在综述中，格赖芬贝格先是回忆了1915年协约国如何占领萨洛尼卡，并于1918年9月对德国发动战略决战；随后强调1941年希特勒害怕英军又在萨洛尼卡和色雷斯的南部海岸登陆。因为一旦英军在巴尔干半岛登陆成功，则入侵苏联战争发动后德国南方集团军群东进苏联西南部时，后背将暴露在英军面前。想起巴尔干半岛军队为协约国取得第一次世界大战胜利做出的巨大贡献，希

---

① 这场政变史称"贝尔格莱德不流血政变"。当时南斯拉夫王国听信了德国政府"保证不假道南斯拉夫王国进攻希腊，支持南斯拉夫王国对希腊王国塞萨洛尼基的领土要求，保证南斯拉夫王国领土完整"的"承诺"，派政府总理、外交大臣于1941年3月25日签署了加入轴心国的议定书。消息一出，抗议很快便从贝尔格莱德蔓延至全国。3月27日，在民族主义政党和民众的支持下，南斯拉夫空军司令杜尚·西莫维奇发动政变，推翻亲德政府，罢免摄政王保罗。这场政变直接导致4月轴心国军队入侵南斯拉夫王国。政变的领导人无条件投降，南斯拉夫王国就此灭亡。——译者注

第9章 铁蹄下的巴尔干半岛诸国与克里特

特勒就不禁猜想英军肯定还会像之前一样进入巴尔干半岛。

为了在入侵苏联前以防万一，希特勒决定先占领位于萨洛尼卡和泽泽阿加赫①之间的色雷斯南部沿海地区，并指定威廉·利斯特的第十二集团军与保罗·冯·克莱斯特的装甲兵团执行作战任务。德军原本没有制订攻占希腊王国大部分领土的计划，只是计划先在罗马尼亚集结，渡过多瑙河进入保加利亚后，右翼进攻萨洛尼卡，左翼进攻泽泽阿加赫，最后全军从保加利亚突破梅塔克萨斯防线。德军到达海岸后，只会留下少量部队，将主要防务移交给保加利亚军队。完成计划后，第十二集团军主力，特别是保罗·冯·克莱斯特的装甲兵团，将奉命经罗马尼亚北调，在东线苏德战场的南部作战。

但保加利亚国王鲍里斯三世看过德军的作战计划后表示，对南斯拉夫王国并不信任，认为南斯拉夫王国的军队可能会威胁到威廉·利斯特的第十二集团军右翼。鲍里斯三世给德国代表留下的印象是他不太相信南斯拉夫王国的态度——尽管德国代表曾向鲍里斯三世保证，由于南斯拉夫王国与德国在1939年签署了条约，所以南斯拉夫王国一侧不会出什么问题。

鲍里斯三世的想法是有道理的。威廉·利斯特的第十二集团军准备按计划从保加利亚作战时，南斯拉夫王国首都贝尔格莱德突然发生政变，摄政王保罗亲王因此逊位。

看上去，贝尔格莱德的一些势力反对保罗亲王的亲德

---

① 即今天的亚历山德鲁波利。——译者注

167

欧陆争夺：希特勒的狂飙突进

政策，坚持要站到西方势力那边。我们是军人，不能妄议西方或苏联事先有没有支持这一政变，但无论怎样，这总不是希特勒策划的吧！相反，政变的发生是让人极不愉快的——这几乎把威廉·利斯特的第十二集团军经保加利亚的作战计划全部打乱了。①

因为贝尔格莱德发生不流血政变，保罗·冯·克莱斯特的几个装甲师都要立刻从保加利亚出发，从西北方向进攻贝尔格莱德；魏克斯指挥的第二集团军将同临时集结起来的卡林西亚驻军及施蒂里亚驻军一起采取临时措施，往南攻入南斯拉夫。由于巴尔干半岛突然燃起战火，攻打苏联的战争就不得不从1941年5月延迟到6月。因此贝尔格莱德的不流血政变才是促使希特勒推迟进攻苏联的真正原因。

1941年的天气状况也起到了出人意料的重要作用。一直到1941年5月，波兰布格河——桑河防线以东都是一片泽国，道路大都泥泞不堪，地面作战受到了很大限制。当地很多河流都无人管理，任凭河水泛滥形成洪灾。越往东走，洪水造成的泥泞状况就越严重。在罗基特诺河②和别列津那河的泥沼森林地带尤其如此。即便是在往年，5月以前的泥泞和洪水也会让行军大受限制。而1941年的冬天又异常漫长，即便已经到6月初，布格河两岸的洪水还是能泛滥好几英里。

---

① 巴兹尔·利德尔·哈特：《山那边》，第254页。——原注
② 即普里皮亚季河。——原注

第9章　铁蹄下的巴尔干半岛诸国与克里特

在更北的地方也是如此。曼施坦因当时正在东普鲁士指挥一支由装甲部队组成的先头部队。他说东普鲁士的大雨一直从1941年5月底下到6月初。如果要提早发动进攻，成功的概率显然更低。这正应了弗朗茨·哈尔德将军"即使不谈巴尔干半岛战役造成的困难，能否提前发起进攻也很成问题"的判断。1940年的天气有利于德军入侵西欧诸国，但1941年的天气不利于德军进攻东线的苏联。

1941年4月，一支英军小规模增援部队在萨洛尼卡登陆后，德军入侵希腊。由于德军已经在保加利亚集结，因此希腊军队主要在通往保加利亚的各条山路上布防。尽管希腊军队料到德军肯定会沿斯特鲁马河河谷前进，但没料到德军表面行动背后的真实意图。德军机械化部队从斯特鲁马河转而向西，沿与国境线平行的斯特鲁米察河逆流而上，越过山口，进入瓦尔达尔河河谷的南斯拉夫王国境内，突破了希腊军队防线与南斯拉夫军防线的结合部。德军利用有利态势，朝瓦尔达尔河下游迅速推进，直抵萨洛尼卡，一举切断驻守色雷斯的希腊大军的后路。

接下来，德军并没有直接从萨洛尼卡经过英军布防的奥林匹斯山南进，而是再次迂回，打通了更西的莫纳斯提尔山山口。德军利用这次进攻希腊西海岸的机会，切断了阿尔巴尼亚境内希腊师的后路，并从侧翼包围了英军。出于德军可能掉头拦截撤退中盟军残部的担心，希腊王国境内的一切抵抗力量迅速土崩瓦解。英军主力和其他盟国的军队都通过海路撤到了克里特岛。

仅凭空降作战占领克里特岛是第二次世界大战中最惊人、最大胆的战法，也是第二次世界大战历次空降作战中最引人瞩目的

欧陆争夺：希特勒的狂飙突进

一次。这次作战以英军付出惨重代价而结束，同时警示了后人，必须引以为戒，不能忽视类似"从天而降"的奇袭风险。

1941年5月20日8时，德军大约三千名伞兵在克里特岛空降了。而克里特岛上共有两万八千名来自英国、澳大利亚和新西兰的军人及兵力几乎与之相等的两个希腊师。

德军在占领巴尔干半岛后，肯定会对克里特岛动手。在希腊的英国特工也早已提供了充分又可靠的相关情报，但当时没人把空降作战当作威胁看待。丘吉尔曾经透露，在自己的建议下，担任克里特岛守军司令的维多利亚十字勋章获得者伯纳德·弗赖伯格将军在1941年5月5日的报告上说"对局势不必紧张"及"毫不担心空降袭击"[1]。伯纳德·弗赖伯格将军比较担心德军通过海路入侵，而这种可能最终被英国海军排除。

然而，丘吉尔为"特别是来自空中"的威胁感到忧虑，并极力主张"要另外加派十二辆步兵坦克增援克里特岛上仅有的六辆坦克"[2]。英军最根本的弱点是缺乏足以对抗德国俯冲轰炸机和空降部队的空中支援，高射炮的数量也不足。

1941年5月20日夜，德军登岛的人数已经比攻击开始时翻了一番，更多德国士兵源源不断搭乘运输机和滑翔机赶来。从5月21日夜间开始，德军就改用运输机向克里特岛空运士兵了。德军飞机冒着守军的重炮和迫击炮的轰击，在已经占领的马莱迈机场降落。最后，德军总兵力达到了约两万两千人。虽然不少德国士兵

---

[1] 丘吉尔：《第二次世界大战回忆录》，第3卷，第246页。——原注
[2] 丘吉尔：《第二次世界大战回忆录》，第3卷，第249页。——原注

第9章　铁蹄下的巴尔干半岛诸国与克里特

因飞机着陆时坠毁或死或伤，但幸存下来的是最强悍的士兵。而数量占优的克里特岛守军大多没有经历过如此高强度的训练——有的甚至处于刚被赶出希腊后的惊魂未定的状态。更重要的是，克里特岛守军缺乏装备，特别是缺少短距离无线电设备。即便如此，许多士兵还是顽强防守。他们在战斗中起到的重要作用事后才为人知晓。

当时，乐观主义在英国高层一度占据上风。1941年5月22日，丘吉尔在议会下院声称，收到的报告显示，克里特岛守军打死了"大量"德国伞兵。中东战区司令部也连续两天提及正在"肃清"德军伞兵的情况。

但1941年5月26日，也就是德军发起进攻的第七天，伯纳德·弗赖伯格报告说："我认为我军已经到了极限……我们就快守不住了。"伯纳德·弗赖伯格是一位勇敢的军人，连他都说"守不住"，局势之糟已经不容置疑。于是，英军自5月28日夜间开始撤退，至5月31日结束。英国海军在德国空军占据空中优势的前提下坚持尽量运走岛上守军，因此损失惨重。英国海军共救出包括两千名希腊官兵在内的一万六千五百名官兵，其余官兵或战死沙场，或沦为德军的俘虏。英国海军为此付出了两千多人的伤亡，被击沉三艘巡洋舰、六艘驱逐舰，另外包括两艘战列舰和英国地中海舰队仅有的一艘航空母舰在内的十三艘军舰遭到重创。

德军约四千人战死，约两千人负伤。如果排除希腊官兵的伤亡及在克里特岛临时招募的士兵的伤亡，德军损失还不到英军的三分之一。但德军损失的都是唯一伞兵师中的善战士兵。因此，希特勒其实还是吃亏了。

欧陆争夺：希特勒的狂飙突进

不过，在当时看来，克里特岛上发生的一切就像一场灾难。还有另外两场灾难，它们使英国各界都受到了沉重打击：1941年4月，北非的英军不到十天就被隆美尔赶出昔兰尼加；不到三周又被德军赶出希腊。阿奇博尔德·韦维尔爵士冬天从意大利人手里夺取的昔兰尼加让英国人觉得这仿佛只是从乌云里偶尔射出的一束骗人的阳光。一连串的失败，加上1941年春英国本土再次遭到"闪电式"的轰炸，胜利的前景甚至比1940年更加黯淡。

然而，在地中海沿岸取得三次胜利后，希特勒并没有向英国人设想的那样对塞浦路斯、叙利亚、苏伊士或者马耳他发动一次猛攻，而是在一个月后的1941年6月进攻苏联，放弃了将英军赶出地中海及中东的大好机会。希特勒放弃驱赶英军一方面是因为要专注于"进攻苏联"这一冒险，另一方面是因为他在克里特岛取胜之后因德军付出的代价过高而更加沮丧。比起之前不花多大代价就能收获颇丰的胜利，德军在克里特岛付出的代价实在太惨重了。

希特勒新建的装甲部队尽管在南斯拉夫和希腊遇到了山地的阻碍，但依然像在波兰及法国的平原一般势不可当，所向披靡。德国装甲兵就像在打九瓶保龄球，把对手的军队纷纷一阵风似的打翻在地。

威廉·利斯特的第十二集团军俘虏了九万名南斯拉夫正规军官兵、二十七万名希腊官兵和一万三千名英国官兵。根据记录，德军仅损失五千人，而英国报纸估计德军损失了二十五万余人，英国官方宣布德军损失的数字是"约七万五千人"。

希特勒在克里特岛固然取胜了，但美中不足的是"扭伤了手

第9章 铁蹄下的巴尔干半岛诸国与克里特

腕"——付出了较大代价,特别是削弱了空降兵这一新型的、可以避开英国海军拦截而攻城略地的地面部队。当时英国海军尽管损失惨重,却仍拥有地中海的制海权。

第二次世界大战结束后,原德国空降部队司令库尔特·斯图登特透露了一个意外的消息:希特勒竟然是勉强接受进攻克里特岛的方案的。

> 他[①]在我军到达希腊南部后想中止巴尔干半岛战役。我一听说这个消息就立马坐飞机去会见戈林,提出了只用空降部队占领克里特岛的计划。极易被煽动的戈林立刻就觉得我的想法可行,并让我去面见希特勒。1941年4月21日,见到希特勒后,我就把计划解释了一番。希特勒说:"听起来蛮有道理,但我认为行不通。"不过,最后我还是说服了希特勒。
>
> 我们在实际作战时动用了一个伞兵师、一个滑翔机团和第五山地师——山地师并没有以飞机作为交通工具作战的经验。[②]

德军出动里希特霍芬所辖、曾在1940年连续突破法国防线及比利时防线的作战中起到决定性作用的第八航空军的俯冲轰炸机及战斗机,从而提供了空中支援。库尔特·斯图登特又说道:

---

① 即希特勒。——译者注
② 巴兹尔·利德尔·哈特:《山那边》,第238页到第243页。——原注

欧陆争夺：希特勒的狂飙突进

我军没有采用海路运输。原来曾有过海路运输增援部队的打算，但我们只有若干条希腊小汽艇。于是，我们便把这些小汽艇当作运输高射炮、反坦克炮、重炮及坦克等重武器的工具，并顺便运送第五山地师的两个营……他们被告知，英国舰队仍然在亚历山大港（其实已经在赶往克里特岛的路上了），结果我们的海上运输队在去克里特岛航行的途中正好撞上了英国舰队，并被英国舰队冲散了。为了报复，我国空军打得英国海军"体无完肤"。但我军在克里特岛的地面作战还是因缺乏重武器而大受影响……

1941年5月20日当天，我军始终没有完全占领一个机场，只是在马拉莫机场进展较大。我军的精锐突击团和新西兰军的精锐部队打了一仗。5月20日的夜间对我军指挥部来说是个关键时刻。我必须做出一个重大决定——动用手中大批伞兵预备队一鼓作气攻下马拉莫机场。如果敌人在我军突击团登陆当晚或者第二天①早晨发动一次有组织的反攻，或许就能彻底击溃缺乏弹药、筋疲力尽的我军突击团余部。但新西兰军只是发动了几次互相孤立的反攻。后来，我听说英军指挥部以为我军除空降突击之外，还有海运到干尼亚和马莱迈之间的海岸登陆的主力部队。所以英军仍将兵力部署在海岸上。即便马拉莫的局势已经十万火急，英军也不敢贸然将海岸守军派往增援。当晚，我军第一山地营便作为乘飞机着陆的首批部队抵达克里特岛。

---

① 即1941年5月21日。——原注

第9章 铁蹄下的巴尔干半岛诸国与克里特

随后,我军就打赢了克里特战役。

然而,德军为了赢得克里特岛战役付出的代价比这个"吹鼓手"估计的要大得多,除部分原因在于岛上英军的兵力比德国人设想的多两倍外,还有其他原因。库尔特·斯图登特总结道:

> 相当部分的损失是因为着陆点不佳造成的。克里特岛上良好的着陆场很少,风常常由陆地吹向海面。因为担心把伞兵投进海里,飞行员往往把他们投在远离海岸的地点——有时甚至在英军战线之内。武器箱常常也被空投在远离部队的地方,这又造成了我军伞兵的重大伤亡。最开始我们被岛上的英国坦克吓坏了,幸亏最后发现英国坦克数量不多,只有不到二十四辆。英军的步兵大都是新西兰人。虽然他们被打了一个措手不及,但其防守可谓十分顽强。
>
> 元首听说我的伞兵部队损失惨重,非常难过,得出了伞兵已不具备奇袭价值的结论。从这以后,元首就常对我说"伞兵的时代已经结束了"这样的话。
>
> 我在说服元首接受空降克里特岛计划时还提出应该空降占领塞浦路斯,进而夺取苏伊士运河的建议。元首并不反对,但没有具体表态。他只是把心思一味放在进攻苏联上。元首在因克里特岛战役损失惨重而震惊后就拒绝了所有再次发动大规模空降作战的尝试。我屡屡向元首力陈,都没有成功。

不过,英国、澳大利亚和新西兰在克里特岛没有白白损兵折将,还是有些收获的。库尔特·斯图登特指挥的德国伞兵除非能得到隆美尔在非洲的装甲部队的强有力增援,否则不可能夺取苏伊士运河。1942年,希特勒终于被说服,但后来又变卦,取消了空降计划。库尔特·斯图登特对此的说法是:"他①认为,如果英国舰队来了,所有意大利军舰都会窜回自己的港口去,我们的空降部队会因此而陷入困境。"

---

① 即希特勒。——译者注

第 10 章

希特勒转攻苏联

Hitler Turns Against Russia

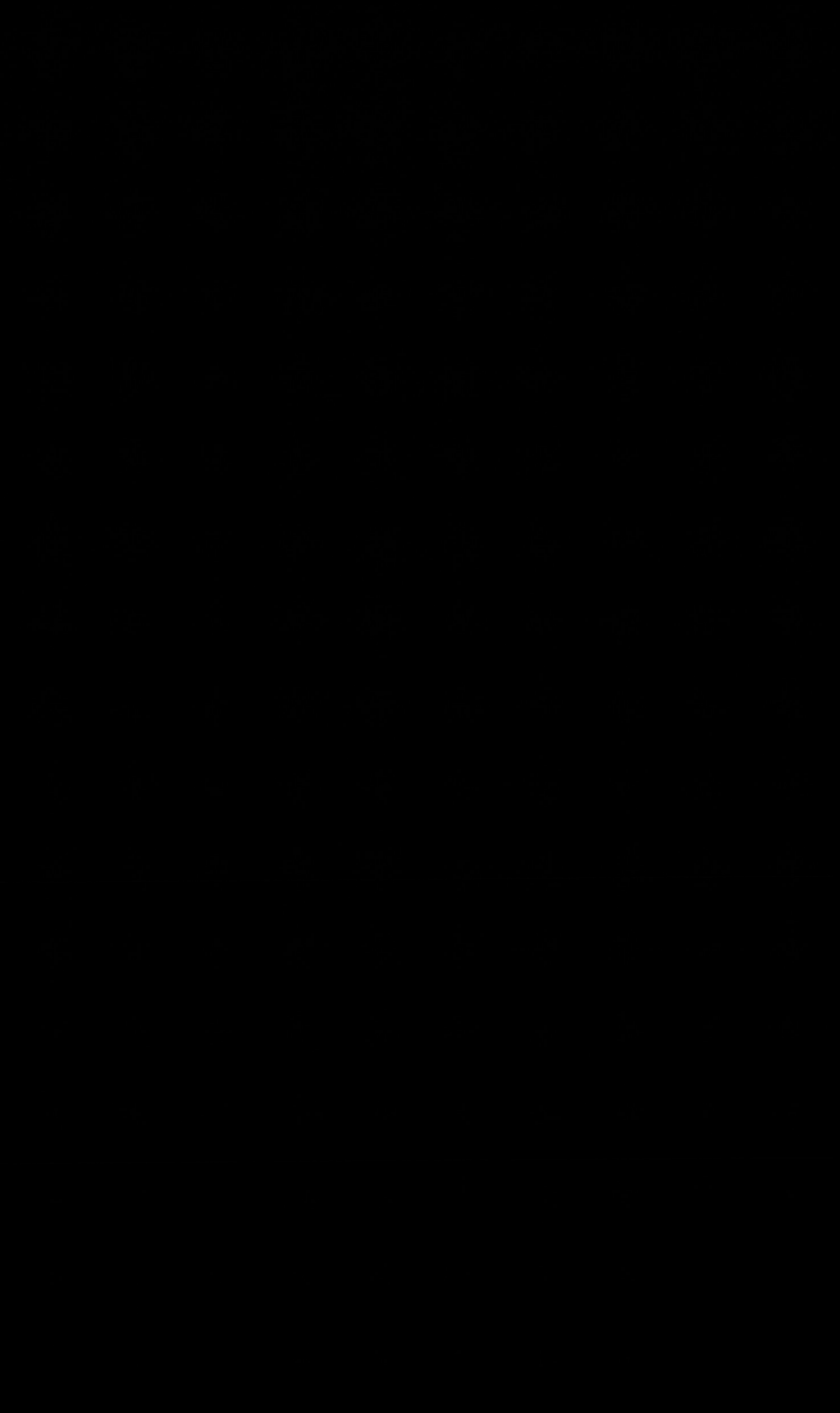

第 10 章　希特勒转攻苏联

希特勒选择在拿破仑·波拿巴1812年入侵俄罗斯周年纪念日的前一天①攻打苏联的行为，使整个第二次世界大战的局势发生了重大改变。和前人相比，入侵苏联同样成了希特勒的致命伤——不同之处在于，希特勒政权并未像拿破仑·波拿巴的政权一样因攻打苏联失败而"暴毙"。

1812年底，拿破仑·波拿巴被迫从俄罗斯撤军。接着，1813年4月，俄罗斯人就进入了巴黎。然而，苏联人花了三年才把希特勒赶出国土，并在战争进行到第四年，也就是1945年4月才进入德国首都柏林。希特勒获得苏联领土的面积比拿破仑·波拿巴要多一倍，却没有得到拿破仑·波拿巴那样进入莫斯科的虚幻胜利。德军高超的机动性足以让希特勒获得更多的苏联国土，却不足以帮助他达到目的。倒是苏联广袤的国土使希特勒在战争中屡受挫折，并最终走向失败。

希特勒采取"攻打苏联"这一自杀举动带来的副作用是又一历史事实的重演——帮助当时除困居小小英伦三岛境内国民以

---

① 即1941年6月22日。——译者注

179

外,在外人看来已经无法挽回局势的英国脱困。对德国而言,英国只是一个位于大陆边缘的"小岛",德国要想包围英国,明显比拿破仑·波拿巴时期更加容易。英国的海上优势被德国的空中优势抵消。英国是工业化国家,原材料大量依赖进口,这导致德国潜艇对英国的威胁与日俱增。当时,英国政府拒绝了一切讲和的建议。如果任由事态发展下去,即便希特勒一时不急于进攻英国,英国也会因后勤供应不足逐渐陷入困顿,甚至最终崩溃。因此,英国拒绝妥协等同于慢性自杀。

美国或许能为英国输血续命,但不能保英国不亡,只能延长英国苟延残喘的时间而已。何况丘吉尔在1941年仲夏做出了不惜英国微薄的国力也要轰炸德国的决定。英国对德国的轰炸无异于隔靴搔痒,但往往又能引起希特勒的关注,阻止他把注意力放在其他方面。

然而,天性顽固的英国人在战略上展现了他们的无知。他们对时局的艰难完全漠不关心。丘吉尔鼓舞人心的演讲消解了敦刻尔克惨败带给人们的消极情绪,给人们灌了一剂"补药"。人们听了丘吉尔充满挑战性口吻的演讲后纷纷感到很受用,却从不去想丘吉尔的做法在战略上是否合理。

其实,希特勒对英国人产生的影响甚于丘吉尔。希特勒占领法国并陈兵海岸的举动激起了自己之前好战、残暴的行径都未能激起的英国人的空前愤怒。经过长期熏陶,英国人个个对希特勒恨之入骨,甚至愿竭尽全力生啖其肉。英国做的一切蠢事恰恰是对"斗牛犬"精神在战争时期集中体现的最好诠释。

拿破仑·波拿巴曾几乎征服整个西方世界,最后却被"不知

第10章 希特勒转攻苏联

道自己已经失败"的英国人冲昏了头脑。如今,这种情况在希特勒身上重演了。从《我的奋斗》中可以看出,同为征服者,希特勒比拿破仑·波拿巴更了解那些不知道自己已经失败的英国人,也尽量避免挫伤英国人的自尊心。他曾寄希望于英国人的务实精神,却未曾料到英国人既看不到自己的未来毫无希望,也不接受德国就当时情况而言已经非常宽大的讲和条件。被这一切搞得心烦意乱、犹豫不决的希特勒最终还是诉诸拿破仑·波拿巴式的解决方法:他要杀鸡给猴看,靠进攻苏联给英国下最后通牒。

希特勒这回改变主意并非临时起意,而是经历了一个过程。促使他改变主意的动机也是复杂的——比当年拿破仑·波拿巴改变主意的动机更复杂,是不能用某个原因就能解释清楚的。

与1805年的菲尼斯特雷角海战[①]相比,德国空军在英国南部遭受的严重损失虽然在战术上意义不小,但在战略上意义其实并不大。戈林在英国上空的失败并没有如当年皮埃尔-夏尔·维尔纳夫将军败退对拿破仑·波拿巴的影响一样迅速影响希特勒的思想。希特勒仍然试图坚持摧毁英国人的战斗意志,只不过换了一种方法——之前是试图摧毁防御英国领空的英国空军,现在则改为夜间轰炸英国的工业城市。至于希特勒在施压英国的过程中时断时续,一部分原因是天气多变,另一部分原因是他自己内心的波动。似乎只要有机会讲和,希特勒就不愿意向英国实施极端手

---

① 菲尼斯特雷角海战是法兰西与西班牙联合舰队与英国皇家海军舰队之间的战役。原本英国皇家海军舰队试图全歼法兰西舰队,但因大雾而未能得逞,只能放任法兰西舰队逃走。英军伤亡二百余人,法军伤亡五百余人。法兰西舰队指挥官皮埃尔-夏尔·维尔纳夫将军在后来的特拉法加海战中兵败自杀。——译者注

欧陆争夺：希特勒的狂飙突进

段。从行动上看，希特勒也一直这么笨拙地坚持着。

因为德国在经济上需要苏联，在政治上恐惧苏联，加上受到偏见的影响，所以希特勒便开始把注意力从英国往另一方向转移。虽然《苏德互不侵犯条约》为希特勒在西欧的一系列胜仗铺平了路，但希特勒获胜大都还是依靠环境因素，况且他的心里时刻挂念的还是"如何才能消灭苏联"。这不仅是为了满足野心而采用的权宜之计，更是希特勒这个反布尔什维主义者内心深处最坚定的信念。

英国的顽抗极大影响了希特勒东进入侵苏联的想法——这种想法原本即将消失，但在英国拒绝与德国和谈后又死灰复燃了。

1940年6月初，希特勒的军队还在攻打法国。斯大林抓住机会，派军占领了爱沙尼亚、立陶宛和拉脱维亚。希特勒虽然之前曾同意苏联把波罗的海三国纳入势力范围，但并没有答应斯大林直接占领它们。因此，希特勒觉得自己被苏联欺骗了。不过，他的大部分顾问都实事求是地认为苏联占领波罗的海三国是因担心德国吞并西欧后进攻苏联而采取的预防措施。而希特勒也不信任苏联，这一点从他在整个西欧战役期间一直担心"东线只有十个师面对苏联一百个师"这件事上就可以看出来。

1940年6月26日，在没有事先提醒德国的情况下，苏联再次向罗马尼亚王国下达了最后通牒，要求罗马尼亚王国必须立刻归还1918年侵占的比萨拉比亚，同时割让北布科维纳给苏联作为赔偿。苏联限罗马尼亚王国在二十四小时内做出答复。罗马尼亚王国刚一屈服，苏联军队就从陆、空涌入罗马尼亚王国。

苏联威胁罗马尼亚王国的行为比"打了希特勒一耳光"还要

182

第10章 希特勒转攻苏联

糟糕，因为苏联军队逼近了被希特勒视为油料供应重要来源的罗马尼亚油田。在接下来的几周，希特勒越来越不安，唯恐对英国的空袭会因苏联军队逼近罗马尼亚油田而受到影响。接着，希特勒的担忧逐渐演变成对斯大林意图的怀疑。1940年7月29日，希特勒与阿尔弗雷德·约德尔将军谈道，如果苏联试图占领罗马尼亚油田，德国可能将与之一战。几个星期后，德国将两个装甲师及十个步兵师调往波兰，作为对苏联上述行动的反制手段。9月6日，希特勒在给德国反情报处的命令中说："我军将在接下来几周加强东线防务，但不能让苏联觉得我们搞重新部署是为了要在东线发起进攻。"他还要求德军通过频繁换防来掩盖实力。

> 另外，苏联肯定会意识到训练有素的德国军队已经被部署在总督管辖区①、东线边境各省及保护国境内。但要让苏联觉得，我国派兵只是为了保护自己的利益，特别是要保护我国在巴尔干半岛的利益不让苏联夺去而已。

这个命令的防御意味很强。命令本身并没有试图预测苏联军队将在何时发动进攻，而主要关注怎么反制苏联军队的进攻。但希特勒要保护的是从德国自己的国境线开始，一直到罗马尼亚油田的漫长战线。面面俱到地派兵防御显然不现实。因此，希特勒不得不考虑通过在波兰前线发动佯攻来达到防御的目的。只是后

---

① 总督管辖区即波兰总督区，指1939年9月波兰战役后，被德国占领的波兰领土中未直接与德国合并的部分。——译者注

来演变成通过消除威胁来防范风险，这就使"伴攻"发展成对苏联进行一次大举进攻的设想。

1940年9月中旬，德国的情报显示，苏联的宣传机构已经改弦更张，专门在苏联红军中进行反德宣传。这说明德国初次在东线增兵就引起了苏联的猜疑，并刺激了苏联为即将到来的苏德战争而迅速备战。"苏联增兵"在希特勒眼中正是苏联将要发动进攻的标志。希特勒开始觉得，虽然他很想在西线胜局已定后再对苏联动手，但现在的局势已经不容耽搁。希特勒的内心在对苏联的恐惧、野心和偏见相互作用下，其思想又发生了新的转变。在如此精神状态下，希特勒很快就开始起疑：因为无法直接从英国人身上找到他们大难临头而不自知的原因，所以便试图从苏联人身上探究答案。时间日复一日地过去，希特勒一遍遍对阿尔弗雷德·约德尔和其他人说："英国一定指望苏联插手干预，要不然英国早就投降了。英国与苏联之间肯定签了什么秘密协定！英国派遣理查德·克里普斯爵士前往莫斯科与斯大林会谈就是明证。德国要是再不主动出击，就会受制于人。"然而，希特勒没料到的是，此时斯大林也同样害怕德国入侵苏联。

弗里德里希·保卢斯——就是那位后来被围困在斯大林格勒的德军统帅——在1940年9月初当上德军副总参谋长的时候，德国就已经拟好进攻苏联的军事计划。当时，弗里德里希·保卢斯奉命"检测军事计划的可行性"。德国的进攻目标被定为：首先，摧毁苏联驻扎在西部的军队，接着占领阿尔汉格尔到伏尔加河一线，以此确保德国本土免受来自东线苏联空军的空袭。

1940年11月，进攻计划的细节已经起草完成，德国还做了

第10章 希特勒转攻苏联

几次兵棋推演来测试。现在,希特勒已经不那么担心遭到苏联军队进攻了——他总是沉醉于复杂的战略准备及设想,开始更倾向于主动进攻苏联。德国将军都对希特勒进攻苏联的想法表达了疑虑,但他们的疑虑让希特勒的态度更加坚决——他们过去每次都怀疑自己的设想,但后来不是每次都成功证明自己是对的吗?希特勒要证明将军们又错了,并且是大错特错。将军们的怀疑正好说明,虽然他们表面上对希特勒百般阿谀奉承,但骨子里仍把希特勒当作一个门外汉来看待。希特勒发现陆军将领与海军将领都对渡海进攻英国感到担忧,因此自己绝不能陷入被动。他已经开始着手制订借道西班牙进攻直布罗陀,进而封闭地中海西部的计划。但进攻直布罗陀的行动规模太小,实在不能与希特勒的巨大野心相比。

1940年10月底,事态的进一步发展对希特勒的最终决策产生了影响——在事先未知会希特勒的情况下,墨索里尼就派军进攻了希腊。这让希特勒很恼火——意大利"小伙伴"竟然不听从他的教导,还打乱了他事先的规划(意大利人可能会占领希特勒心仪的地方)。很快,意大利军队失败了。希特勒无须再担心意大利军队会占领自己的目标地域,但墨索里尼的自行其是还是让希特勒下定决心要在巴尔干半岛采取行动。"进攻巴尔干半岛"成了希特勒推迟完成征服西欧计划的一个新理由,也促使他更想把征服的方向转向东方:首先必须比自己的轴心国伙伴更早控制巴尔干半岛,接着与苏联达成协议,最后再来解决英国问题。虽然这条路线在希特勒心里还没有定论,但无疑已经成为他最中意的选项。

1940年11月,维亚切斯拉夫·莫洛托夫抵达柏林,负责与德国商讨一揽子问题,其中甚至包括"德国建议苏联加入轴心国"的问题。两国在会谈结束时达成共识,发布了这样一份公报:"两国在互信气氛下交换了意见,并在所有两国感兴趣的问题上取得了彼此的理解。"德国代表私下也对会谈的结果感到满意,11月16日做出了这样的总结:

> (苏联与德国)暂时不会签署任何确定的协议。看上去,苏联是有兴趣在搞清楚几个问题后加入轴心国的……我们知会了维亚切斯拉夫·莫洛托夫,为了支援意大利军队,德军要在巴尔干半岛采取行动,他没提出异议。维亚切斯拉夫·莫洛托夫提出,德国要像在罗马尼亚一样,为苏联在保加利亚扩大影响力创造合适的条件,但我国对此不加考虑。不过,我国不反对土耳其控制达达尼尔海峡。苏联希望在达达尼尔海峡获取基地,我国也表示同情……

但实际上,整个会谈都缺乏"互信"。德国代表的上述外交辞令看起来真是虚伪极了。1940年11月12日,希特勒在第18号作战命令中这么说:

> 我们与苏联人进行政治谈判,只是为了了解他们一时的明确态度。不管谈判结果如何,东线凡是已经下过口令的战备工作还是要继续。

第10章 希特勒转攻苏联

外交家在唇枪舌剑,军事计划在稳步执行。与其他人不同,希特勒自己并不觉得与苏联谈判的结果有多么满意——因为他觉得苏联针对《德意日三国同盟条约》提出的"几个问题"纯粹是托词,内心也正逐渐被"进攻苏联"的想法支配。埃里希·雷德尔曾于1940年11月14日会见希特勒,并留下了这样的记录:"元首仍想点燃进攻苏联的战火。"维亚切斯拉夫·莫洛托夫离开德国后,希特勒召见了若干参谋。他们纷纷劝希特勒不要冒险,但都失败了。当参谋们争辩说对苏联开战将意味着把德国置于第一次世界大战期间两线作战的艰难境地时,希特勒反驳说:"要指望苏联在英国放弃抵抗之前无所作为是不可能的。德国要战胜英国,需要增加海军与空军,这就意味着要削减陆军——但苏联这个大威胁只要存在一天,德国就不能削减陆军。"现在,形势已经改变了,因为"巴尔干半岛国家的状态已经证明苏联不可信"。因此,"海狮行动"必须被延后执行。

1940年12月5日,希特勒收到了弗朗茨·哈尔德关于东线作战计划的报告,并且在12月18日下达了"第21号作战命令——'巴巴罗萨计划'的通知"。命令开篇就做了这样的说明:

> 德军必须在对英军作战彻底结束前做好一场以快攻打垮苏联的准备。
>
> 德国陆军应调动一切可用之力量(进攻苏联),只留下少量部队保护占领国免遭敌人突击。德国海军仍要集中主力攻打英国!
>
> 如果机会来了,我就会下令攻打苏联的部队在开战前

欧陆争夺：希特勒的狂飙突进

的八个星期内集中起来。需要花时间进行准备的事项若尚未开始，则必须立刻着手准备，在1941年5月15日之前就要准备完成。据说，这是气象条件允许我军发动进攻的最早日期。进行战备时务必小心，以免被苏联察觉……

我军坦克要四路出击，大胆歼灭苏联部署在西部的主力部队，并且在做好战斗准备的苏联军队撤退到苏联广阔的纵深国土前加以制止。

希特勒在命令中还提及，如果上述步骤仍不足以削弱苏联军队的战斗力，就动用空军消灭苏联位于乌拉尔的最后的工业区。随着德军占领波罗的海沿岸的苏联基地，苏联的波罗的海舰队也会随之瘫痪。罗马尼亚会从南面牵制苏联，并在后方为德国提供保障——希特勒曾在1940年11月就进攻苏联一事知会过新上台的罗马尼亚独裁者扬·安东内斯库将军。

希特勒在命令中用了"如果"的字眼，看似尚不确定，其实是很坚决的——限定进攻时间的原因从希特勒命令的后半部分就能看出来："今后高级指挥官发布命令时要在文字中进行如此掩饰，作为苏联改变对我国态度的预防措施。"德国的全盘计划必须使用精心策划的伎俩掩饰，希特勒本人自然也要带头做出榜样。

为了达到目的，希特勒不仅要欺骗敌人，还要欺骗德国民众。不少听希特勒吹嘘过入侵苏联计划的人都为计划的种种风险而担心，特别是"两线作战"这一条，所以希特勒觉得，为进攻计划披上"尚未决定"的外衣会明智一些。这既能为希特勒拿出对苏联怀有敌意的较有说服力的证据争取时间，也能让德国民众

第10章 希特勒转攻苏联

慢慢适应风向的转变。德军将领都对入侵苏联深表怀疑。希特勒担心，如果将领们在入侵苏联一事上三心二意会怎样？虽然希特勒大可以通过将领们的宣誓号令他们，但这样的命令不足以在将领们的心里种下坚定求胜的决心。既然希特勒把将领们当作"军事工具"去"使用"，那么他就必须取得将领们的信任，让他们绝对服从。

1941年1月10日，德国与苏联签署了一份包含两国1940年11月就边界问题、经济问题会谈结果的新协议。表面上看，局势更加风平浪静了。但希特勒个人对谈判结果的真实看法，从他对斯大林下的"冷冰冰的敲诈者"的结论就能看出来。

1941年1月19日，墨索里尼前来拜会希特勒。希特勒在会谈期间提到了自己在苏联方面面对的困难。希特勒没有暴露进攻苏联的计划，只是重点强调苏联正在强烈抗议德国在罗马尼亚集中重兵。希特勒的一句话正旁敲侧击地表露着自己的心迹："过去，苏联打不到我们，根本不是什么威胁。如今，世界进入了航空时代，如果敌人的轰炸机从苏联和地中海一带起飞，我们在罗马尼亚的命脉——油田一下就会被炸成冒着滚滚黑烟的废墟。"希特勒还对德国将军强调过这个观点，但他们认为，即便苏联军队打算进攻，德国只要增加边境后方的防御力量便足以应对苏联军队的威胁，根本无须主动进攻苏联。

1941年2月3日，希特勒批准了"巴巴罗萨计划"的最终版本。批准前，希特勒召集麾下的军事主官在贝希特斯加登开会，将计划逐章逐条地展示给他们。威廉·凯特尔估计苏联在其西部边境的兵力约有一百个步兵师、二十五个骑兵师，外加相当于

三十个机械化师的装甲部队。而后来德军入侵时，苏联在其西部边境上共有八十八个步兵师、七个骑兵师和共五十四个坦克师、摩托化师。由此可见，威廉·凯特尔的估计是基本准确的。接着，威廉·凯特尔表示，虽然德军投入的兵力不如苏联军队那般庞大，但"质量上优秀得多"。事实上，德军投入的进攻兵力由一百一十六个步兵师（其中十四个是摩托化步兵师）、一个骑兵师、十九个装甲师及九个通信线路部门组成。计算双方兵力对比并非要平息德国将领的不安情绪，因为计算后的结果说明这场大攻势不仅难以取胜，还表明德军即使在最关键的装甲部队方面也处于劣势。实际上，德军进攻计划的制订者分明是在德军的高超素质下下了大赌注。

威廉·凯特尔接着说："苏联军队的作战意图尚不清楚，在边境上部署的兵力也不强大。但乌克兰和波罗的海三国是苏联的供给命脉。苏联军队即使撤退，也只能小幅度撤退。"威廉·凯特尔的意见在当时看来合情合理，事后却被证明是过分乐观的。

德军的进攻兵力被分为三个集团军群，各自的作战任务也已经拟好。威廉·冯·勒布指挥的北方集团军群的任务是出东普鲁士，穿过波罗的海沿岸国家，攻打列宁格勒[①]；费多尔·冯·博克指挥的中央集团军群出波兰华沙，沿着通往莫斯科的公路直攻明斯克和斯摩棱斯克；伦德施泰特指挥的南方集团军群先攻打普里皮亚季沼泽以南地区，将战线延伸至罗马尼亚，再以第聂伯河两岸和基辅为进攻目标。德军将主力集中在中央集团军群，并配属

---

① 今圣彼得堡。——译者注

第10章 希特勒转攻苏联

了优势兵力。据推测,北方集团军群在规模上可能和中央集团军群相等,而南方集团军群的兵力则相对较弱。

威廉·凯特尔的评述指出,匈牙利的态度仍然可疑,并强调只能在"十一点"[①]时德国才能与"中立"国家签署合作协议,从而达到保密的效果。然而,罗马尼亚不算,因为罗马尼亚"必须"合作。此前,希特勒在开会前不久还刚刚见过扬·安东内斯库,要求扬·安东内斯库允许德军借道罗马尼亚支援尚在希腊苦战的意大利军队。然而,扬·安东内斯库犹豫了。他担心这会促使苏联入侵马尼亚。于是,第三次会谈时,希特勒向扬·安东内斯库保证:打赢苏联后不但将比萨拉比亚及北布科维纳归还罗马尼亚,还允许罗马尼亚获得"直到第聂伯河南部"的苏联领土做报答。

威廉·凯特尔还补充说,德军现在已经不可能再对直布罗陀采取什么行动了,因为德军炮兵主力大都已被派往东线。虽然现在"海狮行动"也被束之高阁,但"还应该在我军部队中尽可能保持一些继续进攻英国的假象"。只要采取"双料骗局",突然封锁英吉利海峡及挪威的某些地区,再将德军向东集结,进行一场欺骗性的"登陆英国"演习,就能在军中散布"进攻英国"的思想了。

除了军事入侵苏联的计划,德国还制订了旨在搜刮占领区的"奥尔登堡计划"。德国成立了独立于总参谋部之外的经济参谋

[①] 原文是"eleventh hour",即钟表走到"11"位置,即将迎来全新的一天。作者借此表达德国在进攻苏联的行动开始前一刻才可能与那些"中立国家"合作,拉其入伙。这样一来,即使泄密,苏联也没有反应时间。——译者注

欧陆争夺：希特勒的狂飙突进

部负责制订计划。在1941年5月2日一份报告的开篇中，经济参谋部是这样叙述的："开战第三年时，我军只有完全做到靠从苏联夺取的资源获得给养，战争才能继续下去。无疑，如果我军从苏联拿走所需的一切，必将饿死上百万苏联人。"现在已经很难搞清楚这句话到底是在说冷酷的科学事实，还是参谋们刻意将此报告留存下来，作为对高级决策者过大的战争目标和过分的物资要求的警告。报告继续写道："当下首要大事是夺取并运走苏联的油籽和油饼，谷物的重要性只是次要的。"时任德国国防军最高统帅部作战局战时经济处处长的格奥尔格·托马斯将军曾在早期报告中指出，若能解决交通转运问题，则征服苏联的全部欧洲领土可以解决德国的粮食困难，但这仍然解决不了德国面临的其他重要经济问题。"只有通往远东的交通有所保证，才能解决橡胶、钨、铜、铂、锡、石棉及马尼拉蕉麻的供应。"希特勒对格奥尔格·托马斯的警告并不感冒，但格奥尔格·托马斯做出的"高加索的石油是一定要夺取的"的结论使希特勒深受刺激，一味命令南线德军向前猛冲。

"巴巴罗萨计划"实际遇到的情况更糟，执行之初就被打乱，结果无限期地拖延下去。希腊和南斯拉夫在得到英国撑腰后，断然拒绝了德国的提议，这也影响了希特勒的心理。

希特勒希望，在进攻苏联之前，"右肩"[①]能不受英国干涉。最初，希特勒想通过军事威胁和外交讹诈，不费多大力气就控制巴尔干半岛诸国——毕竟德军在西欧已经连连取胜，达到这个目

---

① 即德国东向的右侧，也就是巴尔干半岛国家。——译者注

第10章 希特勒转攻苏联

的应该格外容易才对。希特勒认为，苏联进入比萨拉比亚意味着罗马尼亚将投入德国的怀中。对德国来说，进行下一步行动并不困难。1941年3月1日，保加利亚政府接受了希特勒的贿赂，与德国签署了"允许德军通过保加利亚领土，并在保加利亚与希腊的边境建立阵地"的条约。苏联政府通过广播指责了保加利亚背离中立的做法，但没有做出任何实质性的反制行动。希特勒因此更加肯定苏联没做好打仗的准备。

希腊曾遭到同为轴心国的意大利侵略，对希特勒的外交手段不屑一顾想来也在情理之中。希腊政府没有被希特勒的威胁吓倒，希腊民众更是沉浸在打退意大利军队的欢乐之中。1941年2月，希腊已经做好接受英国增援的准备。德军进入保加利亚数日后，英军在希腊登陆。

希特勒受不了刺激，一个月后就下令进攻希腊。其实，他大可不必这么做，英国提供的兵力最多只能给他的"右肩"一点小刺痛，更何况这时的希腊还在全力对付意大利侵略军，根本腾不出手来。

南斯拉夫发生的"贝尔格莱德不流血政变"更让希特勒的入侵苏联的计划深陷困境。起初，希特勒对南斯拉夫施展的外交手段倒是进展顺利。南斯拉夫政府迫于德国压力，答应在不承担军事义务的前提下与轴心国结盟。条约还规定了"德军可以使用通向希腊边境的贝尔格莱德—尼什铁路"的秘密条款。1941年3月25日，南斯拉夫代表在条约上签字。3月27日，南斯拉夫空军司令杜尚·西莫维奇率领一批青年军官发动了政变。政变军人占领了无线电台及电话中心，推翻了旧政府，建立了以杜尚·西莫维奇为核心的新政

府,并拒绝了德国的要求。英国特工为政变密谋出过力。消息一传到伦敦,丘吉尔就在演说中宣布:"我要向国家和民众通报一个好消息,今天早晨,南斯拉夫找回了自己的灵魂。"丘吉尔继续说:"南斯拉夫新政府将得到英国一切可能的支援和救济。"

南斯拉夫政变发生后,巴尔干半岛形势风云突变。丘吉尔的欢呼点燃了无法容忍如此奇耻大辱的希特勒心中的怒火。希特勒立刻做出了进攻南斯拉夫和希腊的决定,必要的步骤也都十分迅速地得到了执行。因此,仅在短短十日之后,即1941年4月6日,希特勒就为出兵巴尔干半岛做好了准备。

巴尔干半岛的"揭竿而起"得到的是希特勒的疯狂报复:南斯拉夫只坚持了不到一周就沦陷了——德军空袭刚刚开始,首都贝尔格莱德就被炸成一堆废墟;希腊也只坚持了三个多星期,英军只是稍做抵抗便纷纷撤退,逃回了自己的军舰。德军在每一阶段的作战中都是出奇制胜,这正体现了丘吉尔及其"武装干涉可能成功"一说的支持者的错误。这不但让英国的信用受损,而且给南斯拉夫人及希腊人带来了深重的苦难——被抛弃的感觉是极难消除的。丘吉尔的行为还带来了另一个结果,那就是后来的南斯拉夫以一个仇视丘吉尔及其代表的阶级的国家形式复兴了[①]——这大概是对历史的讽刺吧。

然而,德军入侵巴尔干半岛这段小插曲带来的间接后果具有非凡的意义,也能从希特勒的判断中反映出来。即便希特勒把宝

---

① 南斯拉夫被德军摧毁后,铁托领导游击队坚持游击战,对抗德军。第二次世界大战结束后,铁托将南斯拉夫建设成了一个社会主义国家。——译者注

第 10 章 希特勒转攻苏联

都押在以质量优势弥补数量不足上，仅在巴尔干半岛动用少量军队也禁不起苏联及巴尔干半岛两线作战。希特勒面临的最大困难是坦克数量不如苏联多。要快速打垮巴尔干半岛诸国，必须动用装甲部队。希特勒要在有胆量冒险进攻苏联之前集中所有装甲师攻打南斯拉夫和希腊。于是，他最后只好在1941年4月1日将"巴巴罗萨计划"从5月中旬推迟到6月后半月。

希特勒的军队以极快的速度占领希腊与南斯拉夫后，竟然还能按原计划进攻苏联，不能不说是一项惊人的军事成就。其实，他的将军们都认为，如果英军成功守住希腊，"巴巴罗萨计划"就不可能执行了。结果，英国失败了，"巴巴罗萨计划"也就只延期五周执行而已。但希特勒因这段时间内发生的南斯拉夫政变、1941年8月犹疑不决导致攻苏战争进程被意外延误及当年冬天过早到来等因素的共同作用下失去了战胜苏联的机会。

1941年5月1日，除了后路被截断的和被俘的官兵，其余英军败兵已经在希腊南部海滩重新登船准备撤退。希特勒在同一天定下了"巴巴罗萨计划"的执行日期。他在命令中总结了双方实力，然后还加了这么几句。

> 对战局的估计——预计边境上将发生最多四个星期的激烈战斗。苏联军队的抵抗有望在我军战局进一步发展后有所减弱。注意，苏联士兵会在上级指定的战场坚持到最后一刻。

1941年6月6日，威廉·凯特尔发布了入侵苏联计划的详细时

间表。除了列举德军在东线动用的兵力，入侵计划还表明，德军要在西线留下四十六个师防备英国，其中一个是摩托化师，另外留下一个装甲旅。夺取法属北非的"阿提拉计划"和反制英国可能在葡萄牙采取军事行动的"伊莎贝拉计划"可以"在接到命令十日后执行，但不能同时执行"。"第二航空队已经退出战斗，并且调往东线，由第三航空队单独执行对英空战的任务。"

威廉·凯特尔还在命令中透露了以下信息：自1941年5月25日起，德国已经开始与芬兰就"进攻苏联时得到芬兰援助"一事进行谈判；罗马尼亚一定会援助德国，因此给罗马尼亚的通知只需要在6月15日最后送到即可；6月16日，要放出消息，暗示匈牙利加强边境防务；接下来，就要关闭德国东部的所有学校，并让商船悄悄离开苏联，国内的商船则不要出航；从6月18日开始，"不必再掩饰进攻意图"——因为这时苏联即便进行大规模增援也来不及了；6月21日13时是进攻取消的最后期限；取消进攻的暗号是"阿尔托纳"，进攻开始的暗号则是"多特蒙德"；德军越过边境发起进攻的时间是6月22日3时30分。

尽管德国采取各种措施防止情报泄露，但英国情报机关还是在很早以前就获取了与希特勒意图有关的优质情报，并将情报转给了苏联，甚至在德军发起进攻前一周将入侵的确切日期准确透露给了苏联。殊不知，苏联并不相信英国的再三提醒，继续选择相信《苏德互不侵犯条约》。这让英国人火冒三丈，大感不解。英国人认为苏联是真的不相信自己，这一点能从希特勒进攻苏联的消息传到英国时丘吉尔的广播演讲的语气里听出来。当苏联士兵在战争初期被德军"屠杀"时，英国人相信，这就是苏联军队

第 10 章　希特勒转攻苏联

遭到猝不及防的突然袭击造成的。

如果研究当时苏联的报刊及广播内容，就能发现英国人的看法是不正确的。苏联自1941年4月起就一直在媒体上发布大量消息，强调国家已经采取了预防措施——这是在有意放出"德军动向已被察觉"的消息。同时，更多文章明显提到德国"严守《苏德互不侵犯条约》"，并指责英国和美国"企图挑拨离间"——特别是以散布"德国准备进攻苏联"这一谣言进行离间。6月13日，有一篇文章以斯大林特有的口吻做出评论："德国派军队到自己国家的东部及东北部地区，用意根本与我国无关。"这句话很有可能让希特勒认为自己的欺骗方案终于在苏联取得了预期的效果。殊不知，斯大林可以把希特勒的"双料诈骗"加倍还给希特勒。苏联广播就国外报道的"苏联军队召集预备役人员"回复说："这不过是寻常夏季演习之前的训练罢了。"6月20日，莫斯科的电台或许是为了鼓舞苏联民众，盛赞苏联军队在普里皮亚季沼泽地一带举行的军事演习。苏联广播还宣称，莫斯科的民用防空设施将在周日，也就是6月22日，接受"实战条件下"的检验。但苏联媒体还是将外媒报道"德军即将入侵"一事称为"敌对势力捏造的谣言"。

德国此时已经知道英国在努力警告苏联了。事实上，1941年4月22日，德国驻莫斯科的海军官员就报告说"英国大使预言1941年6月22日将成为战争爆发的日子"。但希特勒并未因此改变行动日期，原因可能是他认为苏联已经不会相信英国的任何说辞了，或者觉得无论进攻日期定在哪天都不重要了。

现在，我们已经难以估计当时希特勒究竟有多相信"苏联并

197

未对德军进攻有所防备",因为希特勒总是对自己圈子里的人隐藏自己的想法。希特勒派往莫斯科的观察员从1941年春季开始就一直断定,"苏联政府很害怕,只抱被动态度,并急于向德国做出让步,从而避免两国兵戎相见。只要斯大林还在,苏联就不会进攻德国。"截至1941年6月7日,德国驻苏联大使在做这样的报告:"一切观察显示,独揽苏联外交大权的斯大林和维亚切斯拉夫·莫洛托夫都想尽全力避免与德国发生冲突。"大使的话得到了印证——苏联不仅遵守贸易协定继续向德国交货,还为了取悦希特勒,同南斯拉夫、比利时及挪威等国断交。

不过,希特勒时常宣称德国在莫斯科的外交人员是"世界上消息最不灵通的人"。他总是给将军们提供一些类似"苏联准备进攻,要先下手为强"等与外交人员传来的消息内容相反的报告。与其说希特勒相信这些报告,不如说这是他有意骗德国将军的标志。因为希特勒和将军之间就"入侵苏联"一事一直存在争议,将军们仍在不断提出"放弃进攻苏联"的论据。还有一种可能,就是希特勒很迟才意识到苏联并不是自己设想的那样毫无准备,于是转念一想,他很可能就会认为苏联的欺敌意图跟自己是一样的。后来,德国将军率部跨越国境后,在靠近前线的区域丝毫看不出苏军做好进攻准备的痕迹,这才明白:原来自己上了希特勒的当。

第 11 章 德军入侵苏联

The Invasion of Russia

第11章 德军入侵苏联

德国若想打赢入侵苏联战争,解决部队在苏联辽阔的国土上遇到的艰难的后勤供应和机械化部队通行困难等问题,比制定合理的战略战术更加重要。虽然个别作战命令可以起到决定性作用,但德国将士们后来发现自己的机械化部队应付不了辽阔的苏联国土时,就会意识到战略战术即使再高明也无济于事。战争能否取得胜利,必须根据最基本的因素进行判断。人们只要看一眼地图就能明白,苏联的国土何其广阔。但影响机械化部队行军的因素比较复杂,需要先分析一些基本情况才能了解。

虽然德军的机械化部队只占其总兵力的很小一部分,但希特勒每次下令入侵其他国家时一定会动用机械化部队。德国当时共有十九个装甲师,只占德国及其仆从国①总兵力的十分之一。除了这些装甲部队,德国只有十四个摩托化步兵师能跟上装甲部队。

德国陆军在1940年的时候只有十个装甲师,但1941年的时候就有二十一个了。看似增加了一倍,其实是将兵力从原来的"十

---

① 当时,德国的仆从国包括匈牙利王国、保加利亚王国、罗马尼亚王国、斯洛伐克(傀儡政府)、克罗地亚独立国(傀儡政府)等。——译者注

个师"拆分成了"二十一个师"。德军在西线的装甲师中装甲力量的核心作战编成是一个装甲旅,每个装甲旅由两个团组成,每个团有作战坦克一百六十辆。这样的装甲师在转战西线前都从所辖装甲旅中抽出一个装甲团,并给这个团配备辅助部队,就成了一个新的"装甲师"。

希特勒拆分部队的做法,导致一个一万七千人的装甲师中只有两千六百人是坦克兵。德国一些资格最老的坦克战专家对此表示反对,他们认为这是在不增加装甲部队战斗力的前提下徒然增加了不必要的参谋和非装甲辅助人员,会拖累部队的整体战斗力。但希特勒还是执意拆分现有的装甲部队。希特勒认为,苏联幅员辽阔,如果拆分部队,德军就可以充分占领苏联更多的地方。而苏联军队战斗力不佳,德军即使兵力分散也对付得了。希特勒同时强调,由于Ⅲ号坦克、Ⅳ号坦克的后期型号持续增产,现在每个装甲师三分之二的坦克都是装备更大口径火炮和双倍厚度装甲的中型坦克,而此前法国战役期间三分之二坦克只是轻型坦克。即便每个装甲师坦克数量减半,由于配备了新型坦克,战斗力可能比原来更强。当时,这一论点一度甚嚣尘上。

减少每个装甲作战单位配备的坦克数量,恰恰使德军面临的根本作战问题更加严峻。装甲师大部分没有"装甲",并且机动力不足。坦克在战争中的优势在于不依赖公路,在路况较差的地方也可以机动自如。军用汽车在当时战场上扮演的角色不过是加速行军步伐的灵活版铁路罢了,而坦克的机动能力是革命性的:它不需要沿着预定道路前进,履带轧过之处皆是坦途。这样一来,装甲部队行军便用齐头并进的平面运动取代了传统军队的纵

第11章 德军入侵苏联

列直线运动。

一些支持进行机械化作战的英国人早就注意到了坦克身上蕴藏的无穷战争潜力。这些人曾在第一次世界大战结束时就对未来装甲部队应该采用何种作战"车辆"提出过自己的见解。他们认为，未来的装甲部队连物资输送车都应该是履带越野型的。不过，这种创见在比其他国家军队都重视装甲作战的德国陆军都没能实现。

在1941年重组的装甲师中，德军履带式车辆一共不到三百辆，轮式车辆则有近三千辆，其中大多数是只能在公路上行驶的款式。这种配置在西欧作战倒也无妨，因为西欧国家比较富裕，并且其守军大都迅速瓦解，德军自然可以趁机控制并使用对方建设完备的公路体系。但在东线作战时，因为缺乏良好的公路条件，德军被迫停止进攻的步伐——想不到在苏联战场上，德国人实际上比自己用以制胜的理论要落后二十年，因此在战场上受到了惩罚。

德军之所以能在苏联取得进展，是因为苏军的装备比德军更落后。虽然苏联德军在坦克数量上占据压倒性优势，但汽车数量严重不足，装甲部队的后勤运力一直不够。这成了调动兵力抵挡德军装甲部队进攻的最大障碍。

德军进攻苏联之初，装甲部队一共有三千五百五十辆坦克，只比入侵西欧时期多了八百辆。另据斯大林在1941年7月30日给罗斯福总统发去的电报中称，苏联军队当时拥有两万四千辆坦克，其中一半以上都部署在苏联西部地区。

1941年6月22日凌晨，德军装甲洪流突破从波罗的海一直延伸

203

到喀尔巴阡山脉的国境线，分三路攻入苏联。

德军的左翼是北方集团军群，指挥官威廉·冯·勒布率军从东普鲁士跨过边境进入苏占立陶宛。在华沙以东，即德军攻击线的中部偏左位置，费多尔·冯·博克指挥的中央集团军群大举进攻苏联军队设在波兰的突出防御阵地的两翼。在德军攻击线的中部偏右位置是一片长六十英里的平静地带。德军在此被普里皮亚季沼泽地的西端分开。伦德施泰特的德国南方集团军群在右翼，其正朝苏联军队在喀尔巴阡山脉附近的加利西亚设下的利沃夫突出阵地推进。

为了尽量集中兵力长驱直入，德军只得在中央集团军群的右侧与南方集团军群的左侧之间留出缺口。因此，尽管德军在战争第一阶段的入侵速度有所加快，但因为部队过于集中，绕过了普里皮亚季沼泽地，这使苏联军队获得了一个有掩护的安全地带，并且可以在这里集结后备部队，甚至能以普里皮亚季沼泽地为基地，向南对德军发动一系列侧翼反击，从而阻止德军南方集团军群攻打基辅。不过，若费多尔·冯·博克命令中央集团军群向普里皮亚季沼泽地的背面挺进，并成功在明斯克附近包围苏联军队，那么普里皮亚季沼泽地的苏联军队对南方集团军群的牵制作用就会大大削弱。

德军将进攻重点放在攻击线中左侧，由费多尔·冯·博克的中央集团军群担任主攻——原本费多尔·冯·博克在德军横扫西欧时就应该是主攻部队的统帅，只是后来主攻部队的统帅临时改成了伦德施泰特。德军将大部分装甲部队都划拨给了费多尔·冯·博克，其中包括古德里安的装甲集群和赫尔曼·霍特

第11章 德军入侵苏联

的装甲集群。而当时德国其他集团军群都只有一个装甲集群。此外，费多尔·冯·博克麾下还有第四集团军、第九集团军共计六个军的步兵力量。

每个德国装甲集群（后来改称装甲集团军）下属四个装甲师到五个装甲师和三个摩托化师。

所有德国军事主官虽然都认为制胜的关键在于如何用好装甲部队，但对于怎样才能"用到最好"意见不一。德军将领之间的"论战"对后来战争的走势有着深远的影响。正统派德军高级将领主张采取传统的跨过边境后迅速合围、歼灭苏联军队的方法——也就是在制订军事计划时严格遵守由克劳塞维茨、毛奇和阿尔弗雷德·冯·施利芬等军界前辈提出、制定和发展的战略规范。这些德军将领觉得，在没有打垮苏联军队主力前就深入苏联境内实在太过危险。他们主张装甲兵要与步兵默契配合，先用钳形包围堵住苏联军队后路，再收紧包围圈，从而歼灭苏联军队。

以古德里安为首的一批坦克战专家对此不以为然。他们认为，德军此次作战应该效法已经在法国战场上被证明可行的闪击战——装甲部队尽可能快速突击，深入苏联军队的大后方。古德里安力主自己的装甲部队和赫尔曼·霍特的装甲部队应该抓紧时间向莫斯科推进——最起码要到第聂伯河一带才可以考虑收缩包围圈。德军越早突破苏联军队的纵深防御，苏联军队就越有可能像1940年的法军那样崩溃投降，第聂伯河也就完全有可能像1940年的英吉利海峡那样成为阻挡苏联军队撤退的铁砧。古德里安认为，德国步兵应该在两支德国装甲部队深入苏联腹地行军路线的中间地带包围苏军；装甲部队以迅速推进为主，但可以同时派出

205

小股装甲特遣队与德国步兵协同作战。

最后由希特勒做主,"正统派"在论战中占了上风——希特勒固然胆大如斗,但不敢把宝全押在"突袭得手"上。希特勒对德军保守派的妥协后来给德军带来比1940年更严重的困境。虽然德国坦克战专家的地位被捧得比1940年要高,但希特勒并未给他们多少自主权。这时,希特勒不但对坦克战专家的设想满腹狐疑,还幻想着自己真的可以把苏联军队的主力困在"极大的"包围圈中。

"包围苏联军队"的想法就像一团鬼火,使希特勒不断命令德军深入苏联境内。德军前两次尝试没有得手。第三次尝试抓了一大批战俘,还跨过了第聂伯河。第四次尝试一举包围了五十多万苏军。但苏联寒冷的冬季让德军无法利用已经打开的大口子做更大的文章。德军每次发动进攻,都把时间浪费在"钳口"的一开一合上,完成战术布局时却没能实现最重要的战略目标。

如果德军从一开始就采纳古德里安的计策会成功吗?这个问题是一个众说纷纭却无法验证的谜。不过,当时,德军总参谋部一些颇有才干却又不属于"坦克派"的参谋明确支持古德里安的看法。他们承认,德军深入推进会产生增援、补给两方面的难题,但针对这一点,可以让装甲部队抛下辎重轻装前进,并从后方给前线空投补给来满足部队的需求。这样一来,装甲部队就可以全力推进。德军只需要尽力满足装甲部队的后勤需要即可。同时,附属于装甲部队的摩托化纵队也可以快速跟上装甲部队的节

第 11 章　德军入侵苏联

奏。只是这种"谢尔曼[①]式"的轻装前进战法与当时欧洲常规战法截然不同，难以得到军中占据大多数的正统派德国将领的支持。

德军两派将领之间的"论战"以正统派的胜利告终——德军因此制订了要确保在到达第聂伯河之前将苏联军队主力先包围、后消灭的军事计划。为了增加成功概率，希特勒决定让费多尔·冯·博克分别利用装甲集群和步兵第四集团军、第九集团军打造一大一小两个包围圈。装甲部队在合围苏联军队之前应该比步兵部队推进得更加深入——这多少也有平衡古德里安、费多尔·冯·博克和赫尔曼·霍特等人意见的考虑，只是没有他们当初设想得那么彻底罢了。

德军进攻的中轴线是连接明斯克和莫斯科的公路，道路延伸的区域穿越了克卢格的第四集团军的战区，而古德里安的装甲集群正是附属于第四集团军。摆在第四集团军面前的是由布格河拱卫的、苏联军队守卫的布列斯特-立陶夫斯克要塞。为了对付苏联红军，德军首先要渡过布格河并建立桥头堡，随后清除要塞里的苏军，进而利用公路加快行军速度。

但新的问题来了——德军装甲师是要等步兵师打开缺口后再进攻，还是与步兵协同突破苏联军队的防线？为了节省时间，德军选择了步兵与坦克协同突防的策略。德军用两个装甲师在两翼配合步兵部队占领要塞。步兵部队一渡过布格河，装甲部队就绕行至布列斯特-立陶夫斯克要塞后方。在布列斯特-立陶夫斯克要

[①]　谢尔曼（1820—1891），美国南北战争时期联邦军队著名将领，以率领部队长途轻装奔袭深入敌后作战闻名。——译者注

塞后方的公路上,步兵部队与装甲部队会师。为了进一步加快突破速度,所有进攻部队都暂归古德里安统一指挥。一旦步兵突破得手,德国装甲兵就能像刚出膛的炮弹一般迅速向前推进。

费多尔·冯·博克的中央集团军群凭借较宽的进攻战线、出其不意的进攻战术和迂回包抄的进攻策略,在苏联军队防线上多点突破,长驱直入。开战第二天,中央集团军群的右翼装甲部队就到达了距离布列斯特-立陶夫斯克要塞四十英里的科布林;而左翼部队则占领了苏联军队守卫的格罗德诺要塞及铁路枢纽。从地图上看,苏联军队在波兰北部的比亚韦斯托克突出部阵地的形状已经逐渐被削成了蜂腰状。德军在随后几天加紧对这一地区发动钳形攻势,左翼的装甲部队与右翼的装甲部队在巴拉诺维奇会师。突出部阵地的大部分苏联军队的退路都因此被一举切断。虽然苏联军队的坦克占数量优势,但性能很差,所以此时德军的包围更占上风。

然而,德军前进的步伐还是被死守的苏联军队牢牢挡住。德军虽然屡出奇招,但仍无法动摇苏联军队的阵地。虽然德军最终能俘虏苏联军队,但通常都建立在长期围困苏联军队致其弹尽粮绝的前提下。当时,苏联不愿意承认自己在战略上输了一筹,宁愿命令士兵顽固地死守阵地,从而大大阻碍了德军执行进攻计划——在当时苏联恶劣的交通状况下尤其如此。

德军计划受阻首先就反映在进攻布列斯特-立陶夫斯克要塞的军事行动上。顶着德军飞机大炮狂轰滥炸,守卫布列斯特-立陶夫斯克要塞的苏联军队坚持了一个星期。最后,德军付出很大代价才拿下攻克布列斯特-立陶夫斯克要塞。德军发现在其他各处都遇

第11章 德军入侵苏联

到这种情形的抵抗后忽然意识到：战局或许并不会如想象中那么顺利。德军沿公路行进时，每每在路口都会遭到顽强抵抗，最后不得不停止大迂回、向纵深行军的动作，因为补给纵队必须沿公路行进，但苏联军队已经封锁了沿途的全部道路。

沿途的苏联自然风貌加剧了德军内部弥漫着的沮丧情绪。一位德国将军的描述恰如其分：

> 大地广袤无垠，天际昏暗无光。单调而一望无际的片片森林、沼泽和旷野的景象搞得我们情绪低落。道路的状况大多很差，好的公路少之又少。一旦下雨，地上的沙土瞬间就烂成泥浆。苏联村庄里的农舍尽是草顶木屋。它们破破烂烂地立在那里，看着就让人不悦。冷酷的大自然对置身于其中的人类同样漠然——人的冷暖饥渴它不管，人的生死灾病它不顾。然而，苏联军民竟可以长期忍受这种环境并保持严明纪律，他们可真是顽强过人！

在离德军原来的前线一百英里的斯洛尼姆，德军第一次试图包围苏联军队的战斗达到高潮。当时，德军几乎把集中在比亚韦斯托克突出部阵地的两个苏联集团军包围，但收紧包围圈时动作不够快，一半苏军抓住机会成功突围——尽管逃出去的都是彼此互不呼应的散兵游勇。德国第四集团军和第九集团军的半机械化特性就是动作不够快，这是一个大"绊脚石"。

处于战场两翼的德军装甲部队主力此时又深入苏联腹地一百多英里。此时，德军装甲部队主力已经跨过了1939年瓜分波兰前

波兰与苏联的边界,并且深入明斯克。在战争爆发的第九天,也就是1941年6月30日,德军占领明斯克。6月30日晚上,一支由古德里安指挥的、担负远距离合围任务的先头部队抵达了位于明斯克东南九十英里、离第聂伯河不到四十英里的巴布鲁伊斯克附近的别列津纳河河畔——当年,拿破仑·波拿巴正是从这里仓皇逃离俄国的。德军试图一举缩紧包围圈,但失败了——同这次失败一起随风而逝的,还有希特勒在苏联取得速胜的希望。从天而降的暴雨把沙土路变成遍地泥浆,德军的机动能力大大下降,苏联军队因此得救。

对德军来说,要是1940年的法国也下一场这样的瓢泼大雨,状况绝不会像在苏联遇到的状况这么糟糕——法国良好的公路条件决定了德军不会在法国遇到像在苏联这种以越野为主、战术机动和沿公路行军都受阻的困境。在德军与苏联军队鏖战的地区,只有明斯克到莫斯科的新柏油公路状况良好,但仅凭这条公路是无法完全满足希特勒作战计划的——其实,希特勒并没有迅速进军莫斯科的打算。他还是想制造一个巨大的包围圈,所以不得不使用质量较差的沙土路。然而,1941年7月的大暴雨把沙土冲成烂泥,极大降低了德军的机动能力,同时鼓舞了许多苏联孤军更加顽强地抵抗德军进攻。在比亚韦斯托克和明斯克的包围战中,虽然德军俘虏了三十余万苏联官兵,但还是有数量与之接近的苏联官兵在德军"收网"前逃走了。这些逃出的苏联官兵对巩固下一道,也就是第聂伯河前后两面的防线起到了重要作用。

战争进行到关键阶段。苏联的地形对德军的阻碍也越来越大。明斯克东南部是大片的森林和沼泽。别列津纳河所谓的"河道"实

第 11 章　德军入侵苏联

际上并非界限分明，而是由多条蜿蜒穿过黑泥沼泽的溪流组成。德军还发现，只有通往奥尔沙和通往莫吉廖夫的两条主要桥梁可以载重，其他桥梁都是不甚牢固的木桥。尽管德军进展迅速，但苏联军队还是在德军到达之前就把这些载重桥梁全部炸毁了。德军首次在进攻中碰上苏联军队设下的雷区，并且由于只沿公路行进，行军速度一再减缓。可以说，像当年阻挠拿破仑·波拿巴退兵一样，别列津纳河有效地减慢了希特勒的德军的进军速度。

如此一来，德军预想的计划——在第聂伯河以西包围苏联军队——就更难实现了。

"大包围"失败了。现在，德军最高统帅部不得不违背初衷，命令德军跨过第聂伯河，进行他们原本极力希望避免的深入苏联境内的作战。此时，德军已经深入苏联境内三百多英里，现在又要执行一个新的钳形包围计划——在苏联军队第聂伯河防线后方的斯摩棱斯克完成对苏联军队的合围。不过，德军把1941年7月的头两天时间都用来努力收紧明斯克一带的包围圈了。德军为此调动了第四集团军和第九集团军下属的步兵部队。其中有些部队已经连续两个半星期每天强行军二十英里赶来协助突破"斯大林防线"[①]。

这次突击比德军最高统帅部预想的要轻松——当时，苏联军队因撤退得太仓促而来不及重新整编，也没有足够的时间强化

---

① "斯大林防线"，是西方报刊对这条防线的称谓，这个名称从未在任何苏联媒体上出现过。"斯大林防线"与法国的马其诺防线和德国齐格菲防线类似，都是钢筋混凝土要塞组成的防御工事体系。但该防线自修筑之日起就因缺乏合理规划（特别是落后的反坦克火力规划）而过时。——译者注

211

并不完善的防御工事。虽然苏联军队有第聂伯河作为最强大的屏障,但古德里安的装甲师突然袭击了渡口附近的若干地点,从而扫清了德军渡河的障碍。1941年7月12日,德军已经在"斯大林防线"上的罗加乔夫到维捷布斯克一线撕开了一个大缺口,接着就向斯摩棱斯克挺进。如此轻松的突破恰恰表明,如果德军一开始就能按照古德里安的命令以装甲部队作为前锋向前攻击,那么取得的战果将远比承担的风险大。

苏联恶劣的路况加上天降暴雨,让德军的推进难上加难。恶劣条件带来的遏制作用比苏军当时散兵游勇式的抵抗起到的作用还要大。有时,德军不得不因交通状况实在太差而停下来,这样就损失了大量宝贵的时间。只要一下暴雨,德军就会暂时失去高机动力。此时,鸟瞰战场,德军装甲部队的坦克和军车仿佛一块块斑点般停在苏联广阔的平原上,连绵一百多英里。

坦克等履带式车辆原本是可以继续前进的,但这类装备在德军每个装甲师里只占很小部分。坦克的补给和配属坦克的步兵都是靠大型轮式车辆运载的。这些车辆依赖公路,一旦地面被冲成泥浆就开不动了。尽管等太阳出来泥浆被晒干后步兵就可以继续前进,但这样停停走走,反复耽搁,严重影响了战略计划的落实进度。

古德里安的装甲集群沿着主要公路快速逼近斯摩棱斯克,并在1941年7月16日占领斯摩棱斯克,看起来并没有受到什么影响。德军只花了不到一星期的时间就控制了第聂伯河到杰斯纳河之间长达一百多英里的地区。但北侧赫尔曼·霍特的装甲集群因遇到了暴风雨和沼泽地,行军速度大大减缓。赫尔曼·霍特遇到麻烦

第11章 德军入侵苏联

势必会影响希特勒包围计划的最终完成。因为这样一来，苏联军队就有充裕的时间可以在斯摩棱斯克附近重整旗鼓了。在包围作战的最后阶段，德军两翼都遭到苏联军队更加顽强的抵抗——顽强到什么程度？德军"铁钳"的两头相距不过五十英里，却装下了五十万人的苏联军队，但最终大部分苏军居然成功突围——尽管德军在后来的8月5日又俘虏了三十万苏联官兵。

如此"不彻底的胜利"给德军留下了一个棘手的问题。此时，德军距离莫斯科尚有两百英里。苏联军队拥有数量庞大的防御部队，并随时可以动员更多防御部队增援。然而，德军以当前糟糕的道路状况很难再动员增援部队，因此就不太可能再发动一次新的进攻了。

此时，德军攻势延迟时间长得史无前例——直到1941年10月才恢复对莫斯科的进攻。因为希特勒的举棋不定，加上伦德施泰特在普里皮亚季沼泽地南面的进展不大，所以费多尔·冯·博克的部队在杰斯纳河一带一停就是两个月——进攻苏联最好的夏季两个月就这么被白白浪费了。

起初，德军在战场南部前线的兵力是不占优势的——因为苏联军队拥有"坚不可摧"的兵力数据。布琼尼指挥的苏联西南方面军在波兰和乌克兰南部共有三十个装甲师和摩托化步兵师、五个骑兵师及四十五个步兵师——其中有六个装甲师和摩托化步兵师、三个骑兵师和十三个步兵师驻扎在比萨拉比亚，直接面对由德国控制的罗马尼亚部队。布琼尼麾下的装甲部队的兵力比铁木辛哥麾下的装甲部队多一倍——而铁木辛哥指挥的西部方面军面对的才是德军的主力。布琼尼有各式坦克约五千辆，而他的对

手保罗·冯·克莱斯特仅有六百辆。保罗·冯·克莱斯特仅有的六百辆坦克刚刚参加过希腊战役,还没怎么来得及大修就被调来参战了。

指挥南方集团军群的伦德施泰特如果要想取胜,就必须充分利用苏联战场的各种元素,利用出其不意的进攻、风驰电掣的行军和广袤无垠的苏联国土——当然,还要利用好对面的指挥官才行。根据布琼尼的一名军官下的定义,被奉为"内战英雄"的布琼尼是个"胡子很大,脑子很小"的指挥官——这评价简直准确到家了。一大批最优秀的苏联军队指挥官在战前都被斯大林"大清洗"掉了,侥幸因政治背景过硬而活下来的高级军官军事才能往往不足。只有等这些"老人"被新的战争"淘汰"后,年轻一代的优秀军官才能得到运筹帷幄的机会。

伦德施泰特把兵力集中在左翼,沿着布格河进攻苏联军队。德军出发的战线刚好位于苏联军队在加利西亚地区利沃夫突出部阵地的侧后方,一时占了不少便宜。也正因如此,德军得以从一个天然的楔形地带发动进攻,稍微往前就能威胁喀尔巴阡山脉一带苏联军队的所有后勤交通线。瓦尔特·冯·赖歇瑙指挥德国第六集团军强渡布格河后,保罗·冯·克莱斯特的装甲部队便沿着突破口向卢茨克和布罗迪进攻。

如此出其不意的行动不仅帮助伦德施泰特在突袭初期取得进展,还导致苏联军队原本能潜在威胁德军的反击完全没了用武之地。伦德施泰特很清楚,在喀尔巴阡山脉的苏联与匈牙利边境上,苏联军队有二十五个师的兵力。因此,他预计,德军进攻卢茨克的时候,苏联军队肯定会攻打德军的右翼。然而,他万万没

第11章 德军入侵苏联

想到苏联军队竟然撤退了。伦德施泰特和其他德军将领看到这一幕，心里不禁怀疑：苏联军队真的有希特勒所说的"即将发起进攻"的能力吗？

不过，即便起步如此好，南方集团军群的前进的速度也无法和费多尔·冯·博克的中央集团军群相比。古德里安力陈让苏联军队保持疲于奔命状态、不让苏联军队重整旗鼓的重要性。他还相信，如果不浪费时间，自己的装甲部队就可以一路杀到莫斯科，直击斯大林政权的"神经中枢"，使苏联的抵抗力量瘫痪。赫尔曼·霍特和费多尔·冯·博克都认同古德里安的看法，但希特勒在1941年7月19日发布的命令中还是恢复了先前的主张：他把装甲部队从战线中心的费多尔·冯·博克麾下调走，转移到了德军的左翼与右翼——其中古德里安率部南下乌克兰驰援伦德施泰特，而赫尔曼·霍特则北上帮助威廉·冯·勒布围困列宁格勒。

瓦尔特·冯·布劳希奇没有立刻按照希特勒的要求变更作战计划，但还是向希特勒做了妥协。他主张装甲部队在进行下一步行动前应该得到适当休整，以便维修装备、补充人员。希特勒也认为这么做很有必要。与此同时，德军高级将领之间仍在就接下来应该采取什么战术进行着激烈的讨论。

争论一直持续了几个星期。此时，德国装甲部队战斗力已经恢复。总参谋长弗朗茨·哈尔德逼着瓦尔特·冯·布劳希奇向希特勒提出"迅速进军莫斯科"的建议。希特勒在1941年8月21日发布的命令中严厉驳斥了这一建议。

> 我不同意陆军在1941年8月18日向我提交的东线作战

欧陆争夺：希特勒的狂飙突进

建议。我军在冬季到来前的重点不是攻克莫斯科，而是要占领位于顿涅茨河盆地的克里米亚，夺取苏联在那里的工业区和煤矿，并切断苏联高加索油田的外运通道……

基于上述目的，希特勒下令：费多尔·冯·博克集团军群的部分兵力，包括古德里安的装甲部队在内，都要转向南方进军（上述命令中的目标都位于苏联战场南部），支援伦德施泰特打垮苏联军队在基辅附近的抵抗力量。

弗朗茨·哈尔德跟瓦尔特·冯·布劳希奇表示，想以"一起辞职"的方式逼迫希特勒回心转意。但瓦尔特·冯·布劳希奇说这没有意义，因为希特勒根本就不会允许他们辞职。就算此时去找希特勒争论，他不仅会置之不理，还会抛出那句常挂在嘴边的"我的将军根本就不懂战时经济"来反驳。此时，希特勒只会接受让费多尔·冯·博克的部队在基辅的苏联军队被歼灭后重新进攻莫斯科的建议——这样一来，他就会把古德里安的装甲部队重新划给费多尔·冯·博克指挥。

德军包围基辅后取得了大胜。这使德国人对战争前景产生了美好而乐观的看法。当时，古德里安的装甲部队南下直接断了苏联军队后路，保罗·冯·克莱斯特的装甲部队则直冲敌阵。作为两只"钳子"，古德里安的装甲部队和保罗·冯·克莱斯特的装甲部队在基辅以东一百五十英里处会师，并开始收紧据称已经困住六十多万苏联官兵的包围圈。但当时降水甚多，公路难走，这减缓了德军的进军速度。等这场包围战打完，时间已经到1941年9月下旬了。即将到来的冬季将德军本已烧得火热的胜利喜悦瞬间

第 11 章 德军入侵苏联

降至冰点：德军很有可能重蹈当年拿破仑·波拿巴的覆辙。随后的战斗亦表明，德军正是因浪费了夏季两个月的大好时光再也无法进入莫斯科。

1941年9月30日，德军恢复了在苏联战场的进攻。费多尔·冯·博克率军用四个星期的时间成功在维亚济马构建了一个大包围圈，抓获了一大批苏联战俘。这么看来德军的前途仿佛又光明起来——一条几乎畅通无阻、可以直通莫斯科的"大道"顿时出现在眼前。然而，维亚济马战役打完已经是10月底了，德军疲惫不堪，路况也越来越糟，新的苏军增援部队也及时地出现在了莫斯科城下。①

大部分德军将领此时都希望暂缓进攻，先建立一条合适的冬季防线。很明显，拿破仑·波拿巴的遭遇仍然萦绕在德国将军的心头，久久挥之不去。他们中很多人甚至重新翻看德·科兰古将军于1812年记录的法军失败惨状。不过，在更高一级的德军指挥官看来，情况有所不同。这不能完全怪希特勒。他对苏联战场的严寒风雪和残酷战斗的印象也很深刻，并一度因此情绪低落。1941年11月9日，希特勒忧郁地说："如果交战双方都发现彼此兵力相持不下，那么最后肯定就要妥协、和解。"但瓦尔

---

① 斯大林从列宁格勒召回朱可夫，原本用于援助维亚济马的"列宁格勒"师也奉命回援莫斯科。1941年10月中旬，苏联王牌间谍理查德·佐尔格向莫斯科报告，日美关系十分紧张，日本短时间内不可能同苏联开战。因此，苏联得以将远东地区非必要守备部队调来协防莫斯科。12月底，守卫莫斯科的苏联预备队已经训练成熟，并且配备了必要的武器装备。作者在这里把德军进攻不成的主要原因部分归结为阴雨造成的道路泥泞。而实际上，根据米哈伊尔·叶菲莫维奇·卡图科夫的回忆录，泥泞的道路给苏联军队带来同样大的麻烦。——译者注

欧陆争夺：希特勒的狂飙突进

特·冯·布劳希奇和弗朗茨·哈尔德都站在费多尔·冯·博克一边，即"继续进攻"。弗朗茨·哈尔德本人还在11月12日召开的一次高级参谋会上表示，有理由相信苏联军队的抵抗"已经到了崩溃的边缘"。

此时，无论是镇守后方的瓦尔特·冯·布劳希奇和弗朗茨·哈尔德，还是在一线厮杀的费多尔·冯·博克，当然都不愿意停下进攻的脚步。因为他们曾经向希特勒力陈，"不要分兵南下，要攻占莫斯科"——而如今机会就在眼前。因此，德军在1941年11月15日天气稍微好转的时候就恢复进军，但紧接着又遇到大雪和烂泥路的阻挠。挣扎两周后，德军被迫在离莫斯科二十英里的地方停了下来。

现在连费多尔·冯·博克都开始怀疑继续前进是否还有价值——尽管他之前说过"我军会战斗到最后一个营"。然而，远在后方的瓦尔特·冯·布劳希奇仍然坚持无论如何都要继续进攻。当时，他虽然有病在身，但还要为希特勒因战果不佳而积攒的满腔怒火忧虑不已。

1941年12月2日，德军采取了进一步进攻行动：几支特遣队冲入莫斯科郊区，却被拱卫莫斯科的森林地带挡住。①

德军进攻受阻成了朱可夫指挥部署苏联军队发动大规模反攻的前兆。苏联军队的反攻包围了德军两翼，逼得筋疲力尽的德军

---

① 当时，苏联军队在所有前往莫斯科的道路上共布设了一百五十多个雷区，在铁轨上也设置了障碍。苏联军队还以五人至七人为一个小组，在森林中沿德军机动部队可能进攻的路线上每隔五十米到七十米砍倒一棵松树，用天然的"木栅栏"阻挡德军机动部队前进。——译者注

第11章 德军入侵苏联

仓皇撤退。局势十分危急,德军上下忧心忡忡,生怕自己落得当年拿破仑·波拿巴的下场。希特勒在危急关头下达命令——除了极短距离的局部调整,全军严禁后撤。这个命令在当时情形下是正确的。但同样因为这个命令,让装备不适合在苏联冬季作战的德军在莫斯科的前沿阵地上吃尽了苦头。不过,如果德军从一开始就进行总撤退,人心惶惶之下引发的后续连锁反应可能会带来更糟糕的情况。

因自己在1941年8月做出的"暂缓进攻莫斯科,分兵南下扫清南进通道"的命令,希特勒已经失去了占领莫斯科的机会。德军在南部战场上获得的其实并不能弥补希特勒因放弃莫斯科而失去的。尽管伦德施泰特的部队在基辅包围战后占领了克里米亚和顿涅茨河盆地,但他进攻高加索油田的行动因少了古德里安装甲部队的援助而受阻。德军虽然进至顿河河畔的罗斯托夫,但大都疲惫不堪,很快就被苏联军队打退。伦德施泰特想撤退到米乌斯河河畔状况良好的防线上休整,但希特勒不同意。他抗议称自己"不能接受这种命令",并以辞职相逼。这次,希特勒果断换了人。在希特勒换下伦德施泰特后不久,苏联军队就攻破了原来的防线。这样一来,希特勒只好承认当时的撤退确有必要了。时值1941年12月的第一个星期,正是德军在莫斯科进攻受挫的时候。

也是在1941年12月第一个星期,瓦尔特·冯·布劳希奇因病请求辞职。12月第二个星期,费多尔·冯·博克称病请辞。接着,威廉·冯·勒布要求从列宁格勒附近的北部战线撤军,遭到希特勒的拒绝后愤而辞职。这样一来,德军一下子失去了四名高级指挥官。

希特勒非但没有另外找人替代瓦尔特·冯·布劳希奇,反倒借机兼任了德国陆军总司令的职位。到1941年圣诞节,古德里安未经允许就撤下了疲惫的军队。这让希特勒找到了借口,把这位取得早期胜利的大功臣也解了职。

德军入侵失败的一个根本原因是没有估计到斯大林能从苏联后方调来多少援军。无论是德军总参谋部还是情报处,都像希特勒一样上当了。1941年8月上旬弗朗茨·哈尔德在日记中写下的一段话正好概括了这一致命大错:"我们低估了苏联。我们估计苏联军队最多只有两百个师,但现在我们已经和三百六十个苏联师交过手了。"

德军在进攻初期取得的一系列辉煌胜利就这样被一笔勾销。德军几路前进,非但没能一路清除阻挡的苏联军队,反倒要应付赶来增援的苏联军队。苏联强大的动员能力完全超出了德军应对的能力范围——东线德军从1941年冬季开始就总要面对人数占优的苏联军队。幸运的是,德军技术精湛、训练充分,总能通过几场大包围作战打败对手,但很快陷入苏联秋季的泥沼中。好不容易等到冬季,路面因结冰而变硬,苏联的增援部队又赶到了。这时,德军疲惫不已,已经不可能再挣扎着杀到目的地了。

还有另一个比较致命的次要因素:糊涂的德军最高统帅部竟然会蠢到把整个1941年8月浪费在争论"下一步该怎么办"上!

虽然德军最高统帅部愚蠢至极,但级别较低的将领们(特别是古德里安)倒是很清楚自己应该做些什么——无非是尽快向莫斯科前进,并用步兵清除被装甲部队打乱的苏联散兵(1940年的法军就是这样被打败的)。虽然这么做风险很大,但德军说不定

第 11 章 德军入侵苏联

可以在苏军二线部队做好准备前率先攻占莫斯科。否则,越往后拖,行动的风险越大,何况德军后来犯的错往往都是致命的。

实际上,苏联之所以免于亡国,七成原因是苏联继承了过去俄国长期积贫积弱留下的"原始状态",三成是靠社会主义革命后积累的一切技术发展的成就——这其中反映的是苏联军民在处境艰难、物资匮乏的逆境中不屈的精神。要是换作西欧军民,用不了多久就要因国家机器瘫痪而失败了。苏联原始的道路状况也帮了很大的忙——占多数的沙土路只要一下雨就全部烂成泥浆。在遏制德军进攻的效果方面,苏联军队付出的英勇牺牲远不如苏联糟糕的路况发挥的作用大。当时,苏联如果像西欧一样拥有完备的道路系统,就会像法国一样迅速失败。

不过,希特勒也不是完全没有胜利的希望——他是因德军的机动性建立在轮胎而不是履带的基础上才失去了宝贵的时间,进而失去胜利希望的。如果德军装甲部队配备履带式运输车辆[①],那么即便战争期间阴雨不断,道路泥泞,德军还是能赶在1941年秋季到来前进入苏联的心脏地带。

---

① 当时,德军实际上配备有Sd.kfz.7半履带牵引车和Sd.kfz.251半履带运输车等装备。半履带车的出现是为了解决轮式车辆越野能力不强、履带式车辆载人载重不高的缺点而采取的"折中办法"。但这种车辆的缺点是无法在载重时越野,在恶劣气候条件下通过能力也不如履带式车辆。——译者注

221

第 12 章 苏联战场的转折点

The Tide Turns in Russia

第12章　苏联战场的转折点

1940年4月9日，德军入侵丹麦、挪威，拉开了这一年进攻的序幕。1941年4月6日，德国进攻巴尔干半岛诸国，这一年新一轮作战开始了。然而，1942年的进攻没这么早，这表明德国试图在1941年速胜苏联的计划已经陷入泥潭，并被拖得疲惫不堪。虽然气候条件决定了德军不宜在早春时节在苏联前线行动，但在地中海地区对岌岌可危的英国阵地发动东西两路夹击是没有问题的。然而，德军没有对地中海这个英国海外交通要地制造新的威胁。

苏军于1941年12月发动冬季反攻，虽然后来势头逐渐减弱，但坚持了三个多月。1942年3月，苏军在某些地区推进了一百五十英里，深入多处德军据点后方，但德军仍坚守施吕瑟尔堡、诺夫哥罗德、勒热夫、维亚季马、布良斯克、奥廖尔、库尔斯克、哈尔科夫及塔甘罗格等据点。

德军坚守的据点，从战术角度而言，易守难攻，从战略角度而言，都是网状散开的交通线交汇点，因此有助于德军控制局势。德军虽然因防线间的宽阔空隙无法阻止苏军突破，但只要守住这些城镇，就能阻截苏军趁机突破的行动，这相当于大大发挥了法国在马其诺防线上修筑的堡垒的作用——如果马其诺防线不

是半路中断①,给德军可以展开侧翼包抄的很大余地,确实可能发挥出牵制德军的作用。

苏军没能将德军的"城镇堡垒"连根拔起,因此即便靠钻空隙深入德军防线,最后这些"进展"也成了苏军自己的沉重包袱。因为苏军占领的实际上是一些突出部阵地,比城镇更难防守。为了守住这些地方,就要投入大量兵力。但德军只要以占领的城镇据点为跳板,对苏军发动侧翼攻击,就能轻易将苏军的后路截断,分割包围。

1942年春季,苏联境内的战线呈现出犬牙交错的形状,仿佛是大量峡湾深入内陆的挪威海岸线的复制版。德军能守住这些形似"半岛"的阵地,恰好是"现代化防御战只要灵活、顽强地打,并得到合适的武器,就威力十足"的明证。德军稳固防守得到的经验、教训比1941年苏联打的防御战更能驳斥"看到攻方在战争初期击溃守方的较弱抵抗;看到攻方在武器装备占绝对优势,或遇到守方训练不足、惊慌失措等情况就认为攻方必胜无疑"的肤浅推论。苏联卫国战争是放大版的第一次世界大战圣米耶勒防御战②,也是首个理论上"守不住"的突出部阵地竟然能坚守四年的实证。1941年冬在苏联发生的战斗也有助于确定这一较有先见之明的历史证据——二者都是心理因素在起基本作用,并且都是在最初阶段最具决定性。如果部分被围的苏军在危险降临

---

① 因为比利时王国的强烈反对,没有在法国边境的阿登地区继续修筑马其诺防线,所以马其诺防线在此处中断了。——译者注
② 圣米耶勒防御战,即圣米耶勒战役,是第一次世界大战后期美军和法军于1918年9月在法国圣米耶勒附近地区对德军实施的战役。——译者注

第12章 苏联战场的转折点

时能克服内心的恐惧没有四散逃跑，是绝不会一触即溃的，而德军的威胁也将随着抵抗的持续而逐步减弱。

回想起来，很明显，希特勒禁止德军做任何大规模撤退的命令恢复了德军的信心，大概也使德军避免了大范围崩溃。同时因希特勒坚持采用"刺猬防御"，德军从1942年战役之初就占了大便宜。

不过，德军还是因坚守阵地间接付出了巨大代价。德军防御的成功，助长了希特勒"以后几年冬天在处境更加困难时再次采用这种防御法也能成功"的观点。德军还要面临一个更直接的困难——德国空军因要长期在冬季气候条件下向其占领的、或多或少被孤立的城镇据点空投补给而受到限制。苏联天气恶劣，飞机事故率高，而遇到好天气时又不得不出动大量飞机弥补物资供应的不足——有时为了给一个军空运补给，一天要出动三百架飞机。德国空军的空运体系因长期给一连串暴露的前进阵地尽力提供如此大规模的空运而遭到破坏；德国空军又因为将有经验的飞行员派去了其他战场，从而削弱了在苏联战场的作战效率。

苏联战场冬季作战带来的巨大压力让还没有做好过冬准备的德军元气大伤，在其他很多方面也为德军制造了很大困难。冬天结束前，德军很多师的人员都缩减到了原来的三分之一，从此再也没有恢复，直到1942年入夏很久，也没能恢复到可以投入积极作战行动的水平。1941年到1942年冬，德国在本土又组建了几个师，但拼凑出的师看似人多，实力并没有增强。从1942年开始，在激烈战斗中损失惨重的一些师中，即便有的可能只剩下几个营，也没有得到补充，只有番号被保留了下来。

德军将领告诉希特勒,如要在1942年重新发动攻势,则需要为军队补充八十万人。然而,德国军需生产部长阿尔贝特·施佩尔说,不可能从工厂里放出这么多劳动力进入军队服役。

最后,德国通过实行彻底的编制改革,总算把德军的编制缺额补上了。过去德军一个师由九个营组成,现在缩减为七个营;过去德军一个连由一百八十名军人组成,现在缩减为八十名。德军的编制缩减取得了"一石二鸟"的效果,因为事实证明,若有经验的军官伤亡,继任者没有经验,则往往无法胜任同样规模连队的指挥岗位。连队编制人数越多,伤亡也越大,而作战时起到的效果却没有太大区别。

由于德军师管辖的营数和总人数都遭到了削减,因此后来盟军情报人员若仍把德军师当作与盟军师同等规模的部队计算,得出的结果就是失真的。较合理的计算比例是:英军的一个师约等于德军两个师。但在1944年夏末,德国只剩下少数几个师实力能真正接近经过削减的兵力编制,那么"二比一"的比例就不能算数了。

1942年,德国坦克实力的"增长"也是虚有其表。1941年底到1942年初的冬天,德国组建的两个装甲师的一部分是由一直以来存在的骑兵师改编而成的。结果证明,这样改编而来的装甲师在作战中没有什么价值。虽然德国对摩托化步兵师的坦克实力进行了补充,但现有的二十个装甲师只有一半配备到编制要求的坦克数量。

根据德军的实力数据可以推出,德国要想继续进攻是很勉强的。即使竭尽全力,从仆从国的军队中抽调人手,也很难恢复到

第12章 苏联战场的转折点

之前鼎盛时期的水平。德军已经没有余力去弥补发起又一次代价高昂的战役带来的损失。德军还面临另一个大困难，那就是无法将空军及装甲部队的实力继续增强——空军及装甲部队扩充不到获得优势所需的规模。[①]

德军总参谋部已经察觉到当时形势对自己不利的方面，但高级军官的权力被削弱，已经无法左右希特勒的决定了。德国将领们无法摆脱希特勒施加的压力，但希特勒自己的压力也很大，只能被迫硬着头皮继续这样的进攻。

1941年11月，德军高层开始讨论在1942年恢复进攻的问题，这甚至比德军发动对占领莫斯科的最后尝试的时间还早。伦德施泰特称，当时曾经讨论过将攻势改为守势甚至撤到德军在波兰的出发点的问题，而据说当时威廉·冯·勒布也同意了。虽然其他德国高级将领不同意彻底改变策略，但都因为12月进攻莫斯科失败及苏联冬季酷寒的折磨，对在苏联作战的前景越发焦虑，也不乐意重新发动进攻。

但德国军方的反对意见因1941年德军作战失利后总参谋部的人事调动而被削弱。11月底，在提出"不要继续南下高加索，并且撤退到米乌斯河冬季防线"的建议被希特勒拒绝后，伦德施泰特提出辞职，并最终被批准——这种离职的时间和方式与别人相比，已经很幸运了，因为12月9日瓦尔特·冯·布劳希奇离职的消息就被暗示以"应被指责"的口吻昭告天下。希特勒这么做一举

[①] 即使观察者远在西欧，也能推测出德军配备方面的这些缺点。笔者在1942年3月撰写的一篇评论中得出了"预测德军在今年夏季不仅要重蹈1941年秋季的覆辙，还将经历战场形势的转折点"的结论。——原注

两得：既找到了替罪羊，也为以后主宰德国陆军铺平了道路。狂热支持希特勒对占领莫斯科做最后一搏的费多尔·冯·博克在12月中旬提出"忧劳交加，罹患胃病"的辞呈，并于12月20日得到了批准。由于威廉·冯·勒布制订的攻城计划还没有付诸实施就被希特勒以担心巷战引起巨大伤亡为由取消，因此攻不下列宁格勒的责任也就怪罪不下来，威廉·冯·勒布就暂时留在军中。但随后威廉·冯·勒布因看出无法说服希特勒撤出杰米扬斯克而自请辞职了。

自从瓦尔特·冯·布劳希奇及最初投入对苏联作战的三个集团军群司令纷纷离职后，总参谋长弗朗茨·哈尔德的影响力就被削弱了。继任的军官们自然更倾向于对眼前的疑虑避而不谈，在"新官初上任"期间自然更顺从希特勒。这样一来，弗朗茨·哈尔德的影响力更弱了，而希特勒做事也就更方便了。希特勒很懂得靠职务晋升诱惑人们来改变他们的判断，并让他们对自己唯命是从——功利心太强的人往往无法抵挡这种诱惑。

瓦尔特·冯·赖歇瑙接替了伦德施泰特的职务；克卢格取代了费多尔·冯·博克；格奥尔格·冯·屈希勒尔取代了威廉·冯·勒布。费多尔·冯·博克因为"突发疾病"放弃了德国中央集团军群的指挥权。1942年1月，瓦尔特·冯·赖歇瑙因心脏病突发倒在前线后，费多尔·冯·博克回来复任。但战场南部的德军在1942年7月整编时，他的司令职务又被免去了。当时为了进军高加索，德军专门从南方集团军群中抽调部队组建了"A集团军群"，指挥官是威廉·利斯特元帅。剩余的部队编成"B集团军群"，费多尔·冯·博克当了一段时间的集团军群司令，然后就

第 12 章 苏联战场的转折点

由魏克斯接替了。

1942年的头几个月,德国在苏联发动另一次大规模进攻的计划终于成熟。因为其间希特勒受到了来自经济专家施加的错误的"德国只要搞不到小麦、铁矿石和高加索的石油,就撑不下去"的压力——德国即便没有得到高加索的石油,之后还是打了三年多的仗。希特勒觉得占领这些资源产地与他本人积极进攻的个性倒也吻合,所以就接受了这些经济专家的意见。不管撤退能带来什么样的缓和与潜在的好处,希特勒就是讨厌撤退。因此,除了继续往前进攻,也看不出希特勒还有什么事情可做了。

由于受到"必须继续往前进攻"本能的驱使,希特勒开始自动屏蔽一些坏消息。例如,德国情报部门曾获得消息:苏联在乌拉尔等地的工厂能达到六七百辆坦克的月产量。当弗朗茨·哈尔德拿出证据给希特勒看时,希特勒却拍桌子破口大骂,说这么快的生产速度是不存在的——他不相信任何自己不愿意相信的事情。

然而,希特勒最终还是认识到德国资源有限,承认有必要限制新的进攻范围。1942年初春,德军决定,这次进攻并非全线出击,而是被限制在战线的两侧。

德军准备在黑海南侧发动主攻,沿着顿河及顿涅茨河之间的走廊地带向南推进。德军在抵达并通过位于顿河南向河曲及入海口的下游后就兵分两路:一路往南,朝高加索油田而去;另一路则往东,攻打伏尔加河河畔的斯大林格勒。

希特勒布置这一双重任务时,占领斯大林格勒或许可以打开一条往北的道路,切断苏军莫斯科掩护部队的后路。一些希特勒的党徒甚至叫嚣要朝乌拉尔进军。但弗朗茨·哈尔德费了九牛二

231

虎之力终于让希特勒相信，"进攻乌拉尔"是一个野心勃勃但不能实现的计划。德军的目标实际上被定为"跨过斯大林格勒，为这个战术要地提供战略保障"。除此之外，德军把占领斯大林格勒的目的定为"为德军进入高加索提供侧翼掩护"——斯大林格勒位于伏尔加河河畔，控制着伏尔加河和顿河之间的"地峡"。同时，它也是这里的交通枢纽，是瓶颈地带上一个潜在的塞子。

希特勒的1942年计划中包含"在当年夏季占领列宁格勒"的次要目标。北进攻下列宁格勒不仅关乎德军军威，还能从陆路连接芬兰并帮助其摆脱目前的孤立处境。

德国陆军在东线的其他地方采取守势，只是对固守的据点稍加改进而已。简而言之，德军1942年在苏联的进攻被限制在了两翼，也显示出德军十分缺乏预备队。不仅如此，德军在战线两侧进行深入推进时，为实现南侧进军的计划，只有从仆从国抽调大量兵力作为主力侧翼的掩护力量。

德军准备从侧翼深入推进，并且未打算同时对苏军防线中心施加压力——这与德军将领一直被灌输的战略原则是背道而驰的。从侧翼进军对德军将领来说很糟糕，因为这意味着要在苏军主力部队与黑海之间腹背受敌。而一想到在靠近内陆的侧翼要依靠罗马尼亚军队、匈牙利军队及意大利军队来掩护，就更让他们感到不安。希特勒以"德国必须依靠高加索石油才能不受限制"的观点解决不了不安的德国将军的疑问。至于负责侧翼掩护的轴心国盟友军队是否实力不足，希特勒解释说，盟友的军队只负责把守位于顿河一带及位于斯大林格勒和高加索之间的伏尔加河防线——河流自身也是很好的辅助防线。至于战略要地斯大林格勒

第12章 苏联战场的转折点

的占领与防守,则由德军自己包办。

作为对苏联国土主攻的揭幕战,在克里米亚的德国部队于1942年5月8日发动进攻,准备占领曾经在1941年秋进攻过却被苏军守住的克里米亚半岛东部的刻赤半岛一带。这一次,德军集中俯冲轰炸机作为掩护,发动了一次准备充分的攻击,立刻在苏军的防线上开了一道口子。德军一拥而上,往北推进,将大部苏联守军逼到海岸边,不久苏军就投降了。德军在扫清进攻道路后沿着长五十英里的半岛一路扫荡,在距离半岛一端十二英里处——著名的"鞑靼壕"暂时受阻后,终于在1942年6月16日攻下刻赤半岛。此时,除了西南角长期孤立的塞瓦斯托波尔要塞,苏军已经被全部赶出了克里米亚半岛。

德军将进攻刻赤半岛作为达成主要目标的"杠杆",因为越过刻赤海峡就能进入位于高加索半岛西端的库班半岛。德军原本要做开路先锋,但沿内陆向高加索进发的主攻进展实在太快,这根"杠杆"反倒显得多余了。

苏军向哈尔科夫发动的一次进攻成了有利于德军进攻的最主要因素。1942年5月12日,苏军进攻开始,主要目标是对付已经准备消灭伊久姆突出部苏军的弗里德里希·保卢斯的第六集团军。苏军的进攻能力远在德军防御能力之下。因此,这次进攻是不成熟的。铁木辛哥将军在《当日命令》开篇中透露出苏军的野心与奢望:"兹命令我军开展决定性攻势。"苏军延长在克拉科夫的攻势正中德军下怀,因为这个攻势使苏军很大一部分预备队受到牵制,同时招来了德军的致命还击。根据希特勒的军令,弗里德里希·保卢斯指挥的第六集团军和保罗·冯·克莱斯特指挥的第

233

一装甲集团军提前一天对伊久姆发动进攻。因此,苏军攻势就被费多尔·冯·博克部队的反攻遏制了。苏联有两个完整的集团军及另外两个集团军的部分部队被德军分割成块。1942年5月底,德军已经抓获了二十四万一千名苏联战俘。1942年6月德军主攻开始时,苏军手上仅有少得可怜的预备队可以用来抵挡。

德军的进攻无论时间还是地点,都是"斜面突出"的——计划以苏联南部塔甘罗格附近的沿海地区为起点,沿着顿涅茨河一路延伸至克拉科夫和库尔斯克。德军战线呈梯形,将首先指挥战线左侧(位于尾部)部队行动,而战线右侧(位置较前)的部队则要等左侧部队攻上来后才设法进军。德军右翼部队攻上来前也要在一边充当"侧翼杠杆",削弱左翼友军遭遇的苏军抵抗。

德国第十七集团军与位于克里米亚半岛的第十一集团军构成德军的右翼进攻部队。在第十七集团军一侧后方稍远的是德国第一装甲集团军。1942年7月9日之后,第十一集团军和第十七集团军被合成为"A集团军群",由威廉·利斯特担任指挥官,奉命攻打高加索;A集团军群的左侧是费多尔·冯·博克指挥的"B集团军群",由第四装甲集团军、第六集团军、第二集团军和匈牙利第二集团军组成。A集团军群与B集团军群都要从德军战线的侧后方出发,攻打苏军最前线的阵地——第一装甲集团军从哈尔科夫防区出发,第四装甲集团军则从库尔斯克防区出发。步兵集团军则随两个装甲集团军前进,时刻作为装甲集团军的增援力量。

1942年6月7日,作为主攻开始前的揭幕战,曼施坦因的第十一集团军对塞瓦斯托波尔要塞发动围攻。虽然苏军顽强抵抗,但德军在装备优势和作战技术上都占上风。7月4日,塞瓦斯托波

第 12 章　苏联战场的转折点

尔要塞连同整个克里米亚半岛都落入德军手中，苏军就此失去了在黑海的主要海军基地。苏联黑海舰队"依然存在"，但事实上只能采取守势。

在克里米亚半岛攻势发动的同时，德军在更接近主战场的地方发动了一场重要的牵制性进攻。1942年6月10日，德军利用伊久姆这一"楔子"强渡顿涅茨河，并在顿涅茨河的北岸建立了据点。德军将顿涅茨河北岸据点逐渐扩展成一个很大的桥头堡后，于6月22日动用装甲部队向北发动了一次猛烈攻击，只用了不到两天就抵达距离顿涅茨河北面约四十英里的库皮扬斯克公路枢纽。德军的装甲攻击为6月28日向东发动的助攻起到了有力的侧翼掩护作用。

在德国第四装甲集团军突破苏军设在库尔斯克和别尔哥罗德的防线并将苏军预备部队兵力耗尽前，德军主攻部队的左翼经历了几天苦战。随后，德军快速穿过长一百英里的平原，抵达沃罗涅日附近的顿河流域。德军似乎要直接渡过顿河上游，跨过沃罗涅日，切断从莫斯科通向斯大林格勒与高加索的横向铁路线，但事实并非如此。德军奉命到达顿河之后就停下来了，开始为主力继续往东南方向挺进提供防御性的侧翼掩护。第四装甲集团军接着就转向东南方，顺着顿河与顿涅茨河之间的走廊地带而下；第六集团军从旁伴随，直指斯大林格勒。第四装甲集团军在顿河的防御阵地空位由匈牙利第二集团军顶替。

德军在左翼的行动进展似乎倾向于掩盖正在右翼上逐渐浮现的威胁——因为德军将注意力集中在从库尔斯克往沃罗涅日方向的攻击时，保罗·冯·克莱斯特的第一装甲集团军从克拉科夫

方向发起了一次更具威胁的攻击。保罗·冯·克莱斯特发起的攻击既得益于苏军在进攻受阻后一时没组织好防守阵地，也占了库皮扬斯克"楔子"扎进苏军阵地侧翼的便宜。保罗·冯·克莱斯特麾下的各装甲师在迅速完成突破后直接东下顿河—顿涅茨河走廊，向位于莫斯科到罗斯托夫的铁路线上的切尔特科沃进攻，接着又转而向南，冲过米列罗沃和卡缅斯克，向位于罗斯托夫及其北部的顿河下游一带进军。

1942年7月22日，德军左翼部队在从出发点行军二百五十英里后，突破苏军轻微的抵抗渡河成功。7月23日，德军右翼部队到达罗斯托夫防线边缘后发起攻击。罗斯托夫位于易遭到德军攻击的顿河西岸，在苏军迅速后撤时，罗斯托夫城内没有做好防御准备。德军在战线侧翼的行动加剧了苏军的混乱，因此很快就占领了罗斯托夫，并切断了苏联从高加索延伸来的石油管线。现在，苏军不仅只能依赖里海的油船和在里海西部的草原上匆匆修建的铁路运输线来维持石油供应，还损失了一大片可以供应粮食的土地。

德军迅猛的大扫荡存在一个很大的缺点：虽然打败了大批苏军部队，但抓到的战俘远不如1941年多，行动的步伐也不够快。德军与其说是因为遭遇了苏军抵抗才减缓了进军速度，不如说是由于前期作战中损失了太多训练有素的坦克车组，并且德军指挥官更愿意采取比较谨慎的战法。另外，1941年的"装甲集群"这时已经被改编为"装甲集团军"，主要增加了配属步兵及炮兵的比例，虽然整体规模有所扩大，但行军速度因此变慢。

尽管大量苏军因德军的进攻而被暂时孤立起来，但许多官兵仍能做到在被彻底包围前悄悄撤退。由于德军从东南方向杀过

第12章 苏联战场的转折点

来,苏军自然就往西北方向撤退——这有利于苏军最高统帅部将撤退的部队在斯大林格勒附近区域集结起来,对进攻高加索的德军侧翼形成威胁。苏联最高统帅部的举措,对在作战的下一阶段抗击两路德军——一路攻打高加索油田,另一路攻打斯大林格勒一带的伏尔加河流域——有重要意义。

保罗·冯·克莱斯特的第一装甲集团军在渡过顿河下游后转向东南,进入马内奇河河谷——有一条运河连接马内奇河和里海。苏军炸毁了河上的大坝,马内奇河流域顿时一片汪洋,暂时挡住德军坦克的攻击。但德军坦克只被拖延了两天就渡河成功,在一条广阔的战线上做扇形机动,继续向高加索油田推进。保罗·冯·克莱斯特指挥的右翼纵队在进军途中没有遭遇抵抗,再加上地形开阔,因此士气大增,几乎笔直地冲过阿尔马维尔,并于1942年8月9日到达位于罗斯托夫东南二百英里的重要石油中心迈科普。中路纵队的先锋部队在8月9日杀进位于迈科普以东一百五十英里的高加索丘陵地带的城市皮亚季戈尔斯克。左路纵队往更东的方向直接攻击了布琼诺夫斯克。8月初,德军使用机动特遣队在顿河对岸发动的猛攻速度真是快得惊人!

然而,连绵的山路及燃料的短缺,导致德军的猛攻进行得快,停止得也快。后来,苏军与德军开始争夺斯大林格勒,这对保罗·冯·克莱斯特部队的猛攻造成了双重影响。德军在斯大林格勒损失了大量兵力——这些兵力本可以对进攻高加索起到决定作用。

为如此长距离的猛攻源源不断供给燃料是一件很困难的事——燃料通过火车从罗斯托夫这个咽喉运送过来,还要把苏式宽轨换成欧洲标准轨。而苏联黑海舰队仍然存在,这让德军不能

冒险用船运燃料。此外,德军还用飞机运燃料,只是运载量很有限。即便火车、飞机双管齐下,供应的燃料还是不足以维持前进的势头。

苏联的崇山峻岭是德军达成战略目标的天然障碍。德军到达这一地区后,苏军抵抗就越发顽强了。德军通过山岭难上加难。此前德军要绕过设法阻挡自己前进的苏军并不困难,因为苏军已经不像1941年那般死战到底了,往往在自己后路尚未完全被德军切断前就逃跑了。战况出现改变,可能是因为苏军采用了更加灵活的防御策略。此前德国统帅部根据战俘审讯结果,深信德军迂回包抄的苏军(特别是苏军中的亚洲士兵)都想找机会回家。然而,当德军到达高加索后,遭到的抵抗却变得顽强起来。守卫高加索的苏军大多是就地招募的,对当地的山地非常熟悉,也认定自己就是在保卫家乡。对家乡的熟悉程度和感情使守军力量倍增,而崎岖难行的地形则将入侵者的"钢铁洪流"引上了绝路。

德国第一装甲集团军从侧翼冲进高加索时,德国第十七集团军正步行冲过罗斯托夫的瓶颈地带,然后转向南方,往黑海海岸行进。

德军在高加索前线攻克迈科普油田后重新划分了战线,各个集团军都有了下一步的作战目标:第一装甲集团军负责拉巴河到里海之间的主要区域,首要目标是占领从罗斯托夫到第比利斯的大公路途经的山区,其次就是占领里海地区的巴库油田;第十七集团军则负责拉巴河到刻赤海峡之间的主要地区,首要目标是从迈科普和克拉斯诺达尔往南,跨过高加索山脉西端后占领新罗西斯克和图阿普谢两大港口,然后沿着图阿普谢城外的滨海道路一

第12章 苏联战场的转折点

路冲杀,强行打开进攻巴统的通道。

图阿普谢以南的滨海公路虽被高山挡住,但由于离海岸只有不到五十英里,且山脉西端已经逐渐倾斜为丘陵,因此看起来第十七集团军的首要目标似乎很容易完成。其实不然,第十七集团军要想进攻,必须横渡库班河。库班河河口附近的边缘地带泥沼广布,而更东边的所有小山则崎岖不平,每一座都是难以逾越的障碍。第十七集团军直到1942年9月中旬总算攻克新罗西斯克,但始终没有到达图阿普谢。

在主要的进军路线上,德国第一装甲集团军虽然比第十七集团军进展更快,但跟自己之前相比,速度大大放慢,走走停停的情况也越来越多。燃料短缺是德军向山区挺进面临的最大阻碍。有时,装甲师为了等待补给到来,一停就是好几天,这让进攻失去了突然性,无法在苏军加固防线前冲过山口。第一装甲集团军在准备强行杀出一条进山道路时又遇到了难题:为了到达图阿普谢并打开进入巴统的海滨道路,大部分擅长山地战的部队都不在第一装甲集团军,而是被调拨给第十七集团军了。

德军是在到达捷列克河时首次遭到苏军猛烈阻击并被挡住的。捷列克河是通往第比利斯的山路隘口及山北更暴露的格罗兹尼油田的掩护,虽然宽度没有伏尔加河那么宽,但水流湍急,是渡河者的一大障碍。保罗·冯·克莱斯特设法向东迂回、顺流而下,1942年9月的第一个星期终于在莫兹多克附近强行打开一条通道。但保罗·冯·克莱斯特的部队在河对岸密布灌木林的山中再次遭到阻击。格罗兹尼距离莫兹多克渡口只有五十英里,但德军竭尽全力,还是无法占领格罗兹尼。

239

 欧陆争夺：希特勒的狂飙突进

德军失败的一个重要原因是苏军在格罗兹尼附近的机场安排了一个有数百架飞机的轰炸机机队。苏联轰炸机的"从天而降"有效遏制了已经把大部分防空部队和军机调去支援进攻斯大林格勒友军的保罗·冯·克莱斯特的部队的进攻势头。苏联轰炸机能不受限制地轰炸保罗·冯·克莱斯特的地面部队，投下的炸弹还使大片森林成为火海，这让在森林中挣扎前进的德军感到更加痛苦。

苏联派出骑兵部队沿着里海海岸对德国第一装甲集团军暴露在外的东侧进行袭扰，使其更加分散。苏联骑兵能在草原上对一大段防御屏障发动进攻，正好得到了发挥其特点的良机。苏联骑兵在辽阔的平原上可以任意冲击德国第一装甲集团军的前哨基地，切断德军的供应。苏军之所以能做到集中越来越强的力量攻打德国第一装甲集团军的东侧，是因为当初从阿斯特拉罕往南修筑了铁路。铁轨穿过一大片平坦草原，没有路基，更没有路堑和路堤。德军很快发现，切断苏军铁路线是无用的。因为德军每毁掉一段，苏军很快就会建起一段新的。苏军行踪捉摸不定，对德军侧翼造成了越来越大的威胁。虽然德军的特遣队已经突进至里海之滨，但控制里海对德军而言仍是"海市蜃楼"。

1942年9月到10月，保罗·冯·克莱斯特通过多点突袭的方式，继续从莫兹多克往南推进，但进攻全线受阻。于是，他决定把兵力从左侧中心转移到右侧中心，向达里亚尔山口门户——奥尔忠尼启则发动钳形攻势。保罗·冯·克莱斯特的攻势在10月的最后一周开始，德军将一切可以调动的空中支援都给了他。德军的右钳先往西迂回，占领了纳尔奇克，然后占领了位于马米松山口另一条军用公路起点的阿拉盖尔，接着从阿拉盖尔往奥尔忠尼启则发起进

第12章 苏联战场的转折点

攻,并配合捷列克河河谷友军的行动,对苏军发起集中冲击。从天而降的雨雪阻碍了德军最后一步行动的实施。在保罗·冯·克莱斯特部队就快直击目标时,苏军发动了一次时机正好、目标正确的反击,将一个在之前进攻中节节胜利但现已疲惫不堪的罗马尼亚山地师突然打垮。保罗·冯·克莱斯特不得不放弃计划,率兵撤退。双方战线稳定下来,可德军眼前仍是自己竭力试图穿越的高山。

苏军在高加索中部最后击退德军的行动和在斯大林格勒开始的大举反攻是同时进行的。

德军原本还想在高加索西部地区再进行一次反攻,但最终没有实现。希特勒迟迟才决定动用小心翼翼保护下来的精锐伞兵师。这时该部还在用"第七航空师"的假名,集结在克里米亚半岛,准备沿图阿普谢往巴统方向的沿海公路进攻,与第十七集团军发起的新进攻形成配合。但苏军很快在斯大林格勒发起了反攻,接着又进攻了朱可夫曾在1942年8月试图间接救援斯大林格勒时试图突破的勒热夫。希特勒面对两面威胁,十分紧张,因此取消了对巴统的进攻,改为命令伞兵乘火车前往北部,增援位于战场中线的斯摩棱斯克。

正是德军在斯大林格勒受到的挫折才导致了其一次次失败和危险。原本斯大林格勒只是德军辅助性进攻的目标,但现在已经转为主攻目标。德军把为实现战役主要目标的陆军预备队和空军预备队全部调来,最终在斯大林格勒白白耗尽了自己的力气。

讽刺的是,德军在作战的最初阶段因执行正确的战略原则而付出了代价,后期却因无视正确的原则而受到了惩罚。德军在作战最初阶段将兵力集中,后来因兵力分散而遭遇了灭顶之灾。

241

弗里德里希·保卢斯指挥的德国第六集团军执行直接进攻斯大林格勒的任务。第六集团军从位于顿河和顿涅茨河之间走廊地带的北部往南推进，配合装甲部队在南部长驱直入，起初进展很快。但德军越往前走，就须投入越来越多的师掩护北部不断延伸的顿河战线，兵力因此被削弱。再加上热天长途奔袭、快速行军的消耗与作战伤亡，德军的兵力损失更大，也就更难以击溃边打边撤的苏军发起的接连抵抗了。

德国第六集团军在接近顿河东部大河曲时，兵力削弱带来的消极影响变得更加明显。1942年7月28日，德军的一支机动先头部队到达距离进攻出发点三百五十英里的顿河河边。这里距离伏尔加河流经斯大林格勒河段西部河曲不到四十英里。然而，德军的进展是暂时的。苏军在顿河河曲顽强抵抗，拖住了德军的总攻。由于战线缩短，加之第六集团军中机械化部队占比并没有装甲集团军多，使整体机动性也更差，因此过了两个星期才把河曲边的苏军打垮。即便苏军已被打垮，德军又花了十天时间才在顿河对岸建起一些桥头堡。

1942年8月23日，德军已经做好了向斯大林格勒进军的最后阶段的准备。德军计划采取钳形攻势，由第六集团军从西北部、第四装甲集团军从西南部共同展开。8月23日晚，德军位于斯大林格勒西北侧的机械化部队抵达了斯大林格勒以北三十英里的伏尔加河河岸，另一支西南侧的部队则逼近位于斯大林格勒以南十五英里的伏尔加河河曲。然而，苏军的死守让德军"钳子"无法合拢。德军在作战的下一阶段从西边展开进攻，完成了对斯大林格勒的半包围。苏军发出了要官兵们战至最后一人的号召，战局的

第12章 苏联战场的转折点

形势被这样的号召弄得更加紧张。尽管战场条件很差，物资供应紧张，同时缺乏增援，但苏军官兵还是以惊人的耐力回应了这一号召。苏军背后宽达两英里的河流并非只是障碍——苏军背水一战，不仅增加了防守的强度，也让战局变得更加复杂。

德军对苏军的弧形防线发动了地点和方式常常变化的进攻。这些进攻看上去仿佛无休无止，但进展很小，得不偿失。即便德军能突破苏军防线，但突入深度又不够，只能让苏军局部撤退，根本无法深入。德军一次次受到阻击，心中对斯大林格勒的重视就仿佛1916年对凡尔登的重视一样一分一分地增多。"斯大林格勒"这个名字是激励苏军斗志的象征，也是德国元首和德国军队被迷住心窍的象征。希特勒在"斯大林格勒"面前，忘了战略，不顾前途——"斯大林格勒"名字中带着的"斯大林"甚至比苏联真正的首都"莫斯科"还要重要了。

只要是一个头脑清醒、富有战争经验的分析家，都知道继续攻打斯大林格勒既无利可图也风险重重。除非守军孤立无援或国家储备的资源濒临枯竭，不然反复进攻很少能占到便宜。而这次反倒是处于进攻一方的德国军队经不起消耗。

苏军虽然伤亡惨重，但还有比德军多得多的后备兵力。苏联最缺的是武器装备，这是1941年蒙受的惨重损失导致的。苏联在1941年蒙受的损失是在1942年连遭败绩的原因。苏军缺乏重型火炮，只能用卡车运载迫击炮代替。苏军还缺坦克和各种车辆，但到1942年夏末时，苏联后方的新工厂及英国、美国已经开始源源不断地为苏军送来越来越多的新装备。同时，苏军在战争爆发后的招兵工作也有了成果，越来越多来自亚州领土的新编师被组建起来。

欧陆争夺：希特勒的狂飙突进

斯大林格勒远在战场东部，增援部队可以方便地从苏联东部源源不断地赶来，这有助于守城。当能为斯大林格勒提供直接增援的苏军部队因为处境艰难无法大量开赴战场时，苏军在战场北侧又得到了增援，这倒是为援助斯大林格勒起到了间接作用——相当于为斯大林格勒送来了大量援军。苏军发动的侧翼反击若不是因缺乏现代战争所需的主要武器而遭遇困难，早就把战局扭转过来了。不过，德军越发陷入一场限于局部地区的消耗战，将有限的预备队和武器都消耗殆尽。因此，苏军的反击起到了更大的作用。德军作为进攻方，是承受不起这么大消耗的。

德国总参谋部很快就意识到作战中存在的种种危险。弗朗茨·哈尔德每天和希特勒开会回来后常常既恼怒又无奈地对下属双手一摊，像是在说"再次劝希特勒明是非、讲道理的尝试成了'白费力'"。冬天就快到了，弗朗茨·哈尔德越发着急地提出"停止进攻"的建议。德军进攻受阻，加上德国总参谋部的停战请求步步紧逼，双重压力搞得希特勒六神无主。希特勒和弗朗茨·哈尔德之间的关系也变得水火不容。尽管当时德国取得的军事进展微乎其微，但希特勒在讨论作战计划时依旧狂挥双手，大"扫"特"扫"。希特勒越不能在现实中"扫"掉苏联红军，就越想把碍手碍脚的参谋们"扫"地出门。希特勒总感觉"老将"们对自己的计划一点儿都不上心。德军的进攻计划越没有进展，希特勒就越觉得德国总参谋部是绊脚石。

就这样，1942年9月，弗朗茨·哈尔德在自己的几个手下离职后离职——职务由库尔特·蔡茨勒接替。比弗朗茨·哈尔德年轻得多的库尔特·蔡茨勒曾在西线给伦德施泰特当参谋长。1940

第12章 苏联战场的转折点

年,库尔特·蔡茨勒曾经在保罗·冯·克莱斯特麾下担任装甲兵团的参谋长。正是库尔特·蔡茨勒提出了大胆的后勤供应计划,才保障德军装甲部队顺利从莱茵河直抵英吉利海峡。希特勒认为,调库尔特·蔡茨勒升任总参谋长,除了因为他立下了大功,还有一个原因——希特勒认为在如何向里海和伏尔加河进军这一长远问题上跟一个年轻军人打交道困难会少一些。另外,希特勒还认为,库尔特·蔡茨勒是在突然被提升到最高职位的刺激下开工的,一定会感激涕零,知恩图报。起初,库尔特·蔡茨勒没有辜负希特勒在提拔一事上的信任,因为他不像弗朗茨·哈尔德,不会经常拿反对意见来烦希特勒。但不久,库尔特·蔡茨勒也开始焦虑不安。由于攻下斯大林格勒的前景已经变得黯淡,库尔特·蔡茨勒开始和希特勒争论,说德军保留一段这么长的战线是不切实际的。然而,即便在库尔特·蔡茨勒的劝告变成现实后,希特勒还是拒不接受,并从1943年开始疏远库尔特·蔡茨勒。因此,库尔特·蔡茨勒的劝告也就越发不起作用了。

对部下的劝告,希特勒听不进去,这成为德军在斯大林格勒受挫的主要原因,也促使后来苏军发动反攻。从此,德军在苏联从进攻变成了败退。

德军对斯大林格勒发动的攻势越密集,其调动能力就越受限;德军的阵地越收缩,苏军越能更快地将预备队调遣到德军收缩的弧形防线上,步步紧逼。同时,德军像之前那样分散兵力占不到什么便宜了。从夏季战役德军开始进攻,一直到德军冲到顿河的那段时期,苏联统帅部一直不知道德军的目标是什么,只是一味疲于应付。而现在已经知道了德军目标所在,苏军就能放心大胆地调动预

245

备队了。因此,斯大林格勒战场上发生的,实际上是集中进攻遇上了集中坚守,德军越集中兵力进攻,就越攻不下来。

此外,德军为了集中兵力攻打斯大林格勒,将侧翼掩护部队的兵力渐渐抽光了。德军的侧翼掩护兵力本来就紧缺,而战线从沃罗涅日沿顿河一直延伸到斯大林格勒的"地峡",长达四百英里,从"地峡"横跨卡尔梅克草原到捷列克河又长达四百英里。虽然一片又一片的莽莽荒原限制了苏军在斯大林格勒"地峡"到捷列克河之间的战线上发起反击的势头,但在沃罗涅日到斯大林格勒"地峡"一线不存在这个问题。因为德军虽然有顿河作为屏障,但一旦顿河结冰,或被苏军发现可以集结重兵通过的未设防地区,那么德军的顿河屏障就很容易被突破。除此之外,苏军还在位于斯大林格勒以西一百英里、靠近绥拉菲摩维奇的顿河对岸守住了一个桥头堡。

自1942年8月后,苏军发动的若干次小规模进攻都预示着德军战线拉得很长的侧翼面临着危险。苏军的进攻表明,德军的侧翼防守很薄弱。德军的盟友匈牙利军队负责防守沃罗涅日往南的一段;意大利军队负责防守新卡利特瓦附近的据点,即防线转向东的一带;罗马尼亚军队负责防守位于斯大林格勒以西最后一段向南弯曲的地带及斯大林格勒城外。另有少数几个德国团、偶尔还有几个德国师夹杂在盟友部队中间稍微加强防守。每个师的防区长达四十英里,并且未配有可以防守的坚固阵地。铁路终点站往往远离前线一百多英里,当地一片荒凉,连能砍伐后用来修筑防御工事的树木都没有。

德国总参谋部在了解到种种困境后大为不安,于1942年8月警

第12章 苏联战场的转折点

告希特勒，德军是不可能在1942年冬天守住顿河防线侧翼的。但一切防御措施都要以服从攻占斯大林格勒为前提，因此德国总参谋部的警告并未受到重视。

1942年9月中旬以后，德军发动的这种过于直接的进攻缺点越发显露出来。当时，德军先是突入郊区，然后进入工厂区。巷战在城市战中向来对攻方不利，对以善于调动部队而闻名的军队格外不利。守军甚至可以利用工人进行防御——只有家园受到侵害的人在打防御战时才会这么凶猛。当时，苏联第六十二集团军在顿河以西作战遭到重创，而负责整个防区的安德烈·叶廖缅科几乎找不到就近弥补兵力不足状况的兵源。作为防守方的瓦西里·崔可夫将军指挥的苏联第六十二集团军和米哈伊尔·舒米洛夫将军指挥的苏联第六十四集团军一部在增援部队赶到并让战局有所转机前至关重要的几个星期里得到了工人们的支援，防守实力大大增强。

德军进入城区后往往将攻势化整为零，形成了一连串的局部进攻。这种局部进攻削弱了整体进攻带来的"潮涌"般的势头。德军重视步兵的老派指挥官看到进攻的冲击力降低后，也就重新捡起了素来的旧习惯——不再使用装甲洪流冲击苏军，而用装甲"涓滴"取而代之。虽然德军在几次规模较大的进攻期间一次集中了上百辆坦克（这表明投入进攻的坦克与士兵形成了一比三百的巨大差距），但更多时一次只用二十辆至三十辆坦克。德军投入坦克的比例很小，反坦克武器就占了上风。德军仅投入数目如此少的坦克，一方面反映德军采用了很糟糕的战术，另一方面暴露了德军物资日益匮乏的状况。德军空中支援的日益减少也反映出德军物资捉襟见肘的状况。德军赖以取胜的坦克和飞机即将耗尽，预示着步兵自然

欧陆争夺：希特勒的狂飙突进

要承受更沉重的负担，为进攻付出更高的代价。

从表面上看，斯大林格勒的战况是包围圈逐渐收紧，德军逐渐逼近市中心，守军处境似乎越发危急。1942年10月14日，斯大林格勒守军的状况已经到了千钧一发的危急程度。但德军的进攻被亚历山大·罗季姆采夫指挥的苏军近卫第十三师挡住。即使10月14日的危机已被苏军克服，形势仍然很严峻，因为守军的背后就是伏尔加河，地理条件使其几乎没有使用弹性战术的余地——苏军已经没有可以用来换取时间的地盘了。然而，透过现象看本质，一些基本因素反倒开始对苏军逐渐有利。

德军损失逐渐增加，士气下降，而冬天的降临更让德军官兵受挫。德军的预备队完全被牵制，拉得太长的战线的两侧都已经失去了弹性。当时，苏联统帅部正在筹划反击，为反击积攒的不少后备力量已经足够击败紧张过度的德军了。于是，反击的时机成熟了。

1942年11月19日到20日，苏军的反击开始了，时间也把握得恰到好处。苏军反击始于冬季头几次严重霜冻和几场大雪的间隙。霜冻时，地面被冻硬，便于苏军快速机动行军。下雪时，苏军行动受阻。苏军就是要趁德军因进攻不利、大失所望、精疲力竭时反击。

苏军精心策划过反击的战略和心理目标，即利用间接军事行动达成双重目的。苏军的反击相当于把一对两边有若干尖头的铁钳扎在了进攻斯大林格勒德军的两侧，把德国第六集团军、第四装甲集团军与德军B集团军群隔开。苏联"铁钳"进攻的方向大多是由罗马尼亚军队担任侧翼掩护的地方。苏军此次反击计划的制

第 12 章 苏联战场的转折点

订者是苏联总参谋部才华横溢的"三巨头"——朱可夫将军、华西列夫斯基将军及尼古拉·沃罗诺夫将军，主要执行者分别是西南方面军司令尼古拉·瓦杜丁、顿河方面军司令罗科索夫斯基和斯大林格勒方面军司令安德烈·叶廖缅科。

值得一提的是，苏联将东线参战部队划分为十二个方面军，由莫斯科的苏军最高统帅部直辖。这十二个方面军并非永久编成的大型部队，苏军最高统帅部通常派出一名兼任参谋的高级将领协调几个方面军之间的行动，确保多个方面军能在一系列作战中保持步调一致。平均每个苏联方面军都配备四个集团军（在规模上比西欧国家的标准集团军略小），每个集团军都能在方面军指挥部不干涉的情况下直接指挥自己下属的几个师。若干装甲旅和摩托化旅编成的集群战斗单位被称为军（相当于大型师），这些军都归方面军司令部指挥。

1943年夏季，苏军不等"方面军"这一新编制有机会得到充分检验，就重新采用了"军"这一级编制。这是为了减少指挥环节，放权给高级指挥官，让他们能指挥更多的"下级部队"，部队战斗节奏就会加快，调度就会灵活。说句实话，指挥链条每增加一个环节，就会多一层牵制，这就使高级指挥官与具体执行者之间的情报回传及命令发送更浪费时间。除此之外，指挥链过长还会导致指挥官对战场态势的印象变得更模糊，对执行者的影响力减少，从而导致指挥权被削弱。一方面，高级指挥官与执行者之间的指挥部越少，作战和行动的执行就越灵活；另一方面，每个指挥部若能指挥更多的下级部队，也就更加灵活，调度能力更强。一支灵活的作战单位对各种情况的适应性越强，就越能发挥

更大的打击作用。这就好比一个人,如果他除大拇指外只有一两根手指,在一把抓住某个物品或者对手时就会觉得比用较多的四根手指外加一根大拇指要难得多。一个人要是只有一两根手指,手就不会太灵活,也不太能集中施压。在西方军队中,一个上级单位大多由两个至三个下级单位组成,与苏军相比,就不那么灵活了。

苏军钳形攻势的"右钳"先头部队在斯大林格勒西北沿顿河两岸直扑卡拉奇和斯大林格勒以西通往顿涅茨河流域的铁路,而位于斯大林格勒东南面的苏军"左钳"的"尖头"则向西进攻,冲到通往南方季霍列茨克与黑海的铁路。苏军在切断这里以后往卡拉奇进攻,并在1942年11月23日完成了对德军的合围。在随后几日,苏军将德国第六集团军和第四装甲集团军的一个军包围,包围圈被收缩得更紧了。苏军在快速运动的几天里一面保住了自己在防御战术上的优势,一面在战略上反败为胜——采用间接军事行动往往可以达成双重胜利。苏军的行动迫使当时的德军发动了不为进攻、反求突围的行动。德军现在的撤退和之前的进攻一样,都是在白费力气。

另一支苏联劲旅现在已经冲出绥拉菲摩维奇的桥头堡,在顿河河曲西部散开,向南部的顿河—顿涅茨河走廊发动了多路进攻,还与从卡拉奇冲出的苏军"左钳"在奇尔河河畔会师。苏军发动的这一外圈包围对全盘计划的成功至关重要,因为这既摧毁了德军的作战基地,又在德军援兵赶来支援弗里德里希·保卢斯的必经之路上派兵阻拦。

1941年12月中旬,德军一支部队从西南部越过顿河,从科捷

第12章 苏联战场的转折点

利尼科沃赶到斯大林格勒还击苏军。这支德军部队是从中央集团军群中抽出曼施坦因的第十一集团军司令部，再加上一些东拼西凑的作战部队。它还有了名字，"升格"为"顿河集团军群"，但顿河集团军群规模很小，简直不配拥有"集团军群"这么显赫的头衔。德军只能动用有限的后备力量，包括动用火车从法国布列塔尼运来第六装甲师来解斯大林格勒之围。

因依靠对少量装甲部队的巧妙运用，曼施坦因率军成功从苏军掩护阵地的缺口中穿插而过。但德军仓促部署的进攻在距离弗里德里希·保卢斯第六集团军三十英里外的地区遭到苏军阻击，最终因侧翼被苏军施加压力而不得不逐步撤退。德军最高统帅部再没有任何后备兵力发动新一轮进攻了，这就意味着在曼施坦因失败后，救援弗里德里希·保卢斯的全部希望都已经失去。然而，曼施坦因还是尽量久地、不顾危险地防守着暴露的阵地，以便掩护德国飞机为在劫难逃的弗里德里希·保卢斯的部队提供少得可怜的补给救命。

苏军在1942年12月16日向斯大林格勒西部更远处开始新一轮外圈迂回。沃罗涅日方面军司令菲利普·戈利科夫将军率领麾下左翼部队在新卡利特瓦与莫纳斯特尔希纳之间由意大利第八集团军防守的长达六十英里的防线上选择了若干地点，渡过了顿河中游河道。苏军在天刚亮的时候发动一阵猛烈炮轰，吓得不少意大利官兵纷纷逃窜。紧接着，苏联坦克和步兵就渡过了已经半结冰的顿河。暴风雪折磨得轴心国官兵眼前一片模糊，只能稍做抵抗，但并未挡住飞速向南朝米列罗沃和顿涅茨河开进的苏军的进攻步伐。苏军数路围攻，不到一个星期就把轴心国军队几乎完

251

全赶出了顿河—顿涅茨河走廊。轴心国军队的防线太过薄弱,溃退的速度太快,苏军一时没能抓获很多俘虏,但在作战的下一阶段就打垮并包围了很多撤退中的轴心国军队。苏联在1942年底(也就是苏联进攻的第二阶段)共俘获了六万名德军官兵。苏军的猛烈进攻使德军位于顿河下游和高加索境内的后方受到威胁。然而,因为大雪天气和德军在米列罗沃等几个交通枢纽的顽强抵抗,德军暂时算是脱离了危险。

然而,对于德军而言,威胁仍在眼前,还很可能继续扩大。希特勒在最后时刻总算醒悟过来:如果还要坚持征服高加索并逼着当地德军在将长达六百英里的侧翼暴露给苏军的同时继续坚守,那么德军势必会遭遇比斯大林格勒更大的灾难。因此,希特勒在1943年1月命令德军撤退。希特勒做决定的时间恰到好处,德军刚好逃脱被苏军抄后路的危险。虽然德军的撤退延长了第二次世界大战的进程,但撤退一事已经于被围困在斯大林格勒的德军正式投降之前就向全世界昭告了德国开始走下坡路的消息。

苏军的反攻体现了朱可夫根据心理及地形选择突击点的娴熟技巧。朱可夫击中了德军部署上的精神弱点。此外,一旦苏联突击部队失去了近在眼前的局部优势并错过造成德军更大崩溃机会,朱可夫还有继续施加新威胁的本领。因为集中突击对防守方抵抗力的消耗作用是递减的,朱可夫就发动了一系列的分路冲击来消耗防守方的战斗力。通常,在反攻转为进攻,也就是攻击不再具有开头"复进簧"般的冲击力时,执行朱可夫的战略往往能以付出较少的代价取得较大的战果。

空间对比和力量对比是一切控制战局发展的物质和精神因素

第 12 章　苏联战场的转折点

的基础。东线战场非常辽阔,如果进攻方不挑选一个如1941年的莫斯科或1942年的斯大林格勒一样显而易见的目标进攻,就总能找到侧翼迂回包抄对手的机会。这样一来,德军只要保持质量优势,即便不占数量优势也能取得进攻胜利。然而,对于苏军而言,东线战场广阔的纵深成了在机械化力量和机动性不如德军时的保命因素。

德军在东线作战中既失去了技战术优势,又消耗了人力。德军兵力一旦不足,在辽阔的苏联国土上作战就会变得不利,无法有效防守一条已经被拉得很长的战线。战局发展到现在,出现了这样的问题:德军到底是靠缩短战线恢复平衡,还是已经消耗太多力量,回天乏术了?